AF245468

DE L'ARBITRAIRE

DANS LE GOUVERNEMENT ET DANS LES PARTIS

PARIS. — IMP. SIMON RAÇON ET COMP., RUE D'ERFURTH, 1.

DE

L'ARBITRAIRE

DANS LE GOUVERNEMENT ET DANS LES PARTIS

PAR

CHARLES DE LACOMBE

PARIS

CHARLES DOUNIOL
LIBRAIRE-ÉDITEUR
29, RUE DE TOURNON

LIBRAIRIE ACADÉMIQUE
DIDIER ET Cᵢₑ
QUAI DES AUGUSTINS, 35

1864

DE L'ARBITRAIRE

DANS LE GOUVERNEMENT ET DANS LES PARTIS

I

Il n'y a point à s'y méprendre ; le mouvement que les élections dernières ont imprimé à l'opinion publique est désormais irrésistible. La liberté est devenue le mot d'ordre de tous les partis, comme elle avait été, au scrutin du mois de juin, le mot d'ordre de tous les candidats. Il n'est que trop évident que tous ne l'entendent pas de la même manière ; mais tous du moins s'accordent pour l'invoquer, et ceux qui ne jugent pas utile d'en réclamer la possession ne mettent que plus d'ardeur à prononcer son nom.

Ce n'était pas ce nom que l'on prononçait il y a dix ans ; si nul ne se dispense aujourd'hui de l'avoir à la bouche, c'est qu'apparemment le pays l'a dans le cœur.

Il a paru à la France que ses affaires ne marchaient point comme elle l'avait espéré, et sans embrasser tous les obstacles qui ont entravé leur cours, elle s'est prise à penser que le principal tenait peut-être à ce qu'elle ne s'en était pas assez occupée. Elle avait compté sur la paix dont une parole célèbre liait la durée à l'ordre nouveau, et elle calcule avec anxiété que, pour des motifs qu'elle n'a pas toujours saisis, elle a été, presque chaque année, engagée dans quelque guerre lointaine ou proche. Elle s'était flattée de voir la régularité, que l'absence de contradiction allait mettre dans le gouvernement, s'introduire dans les finances, et elle envisage les impôts augmentés, les crédits ouverts, les emprunts multipliés, sans apercevoir une limite précise à ces aggravations. Elle avait cherché dans l'abdication de ses droits le salut de ses intérêts, et il lui avait semblé que le pouvoir, une fois délivré d'une censure incommode, lui donnerait le repos dont il serait lui-même assuré. Mais voici que les sujets d'inquiétude s'amassent autour d'elle : des alliances mal affermies, d'injurieux soupçons, partout des questions soulevées qui portent la foudre avec elles, et, au lieu de ces perspectives sans bornes qu'attendait sa confiance, toute vue d'avenir interceptée par un horizon chargé de nuages !

C'est sous l'empire de ces préoccupations que se sont faites les récentes manifestations de l'esprit public. Elles n'ont été l'œuvre ni de menées subversives ni de passions ennemies : elles sont nées d'une pensée de prévoyance. La nécessité d'un contrôle s'est peu à peu dégagée, comme une conclusion inévitable, de l'ensemble des événements. Jamais peut-être le pays n'a plus vivement désiré un pouvoir fort et respecté ; mais il a compris que le moyen de donner au pouvoir ce respect et cette force était de le protéger contre ses propres entraînements, et que les gouvernements n'avaient pas moins besoin d'être contenus que les peuples. C'est comme une mesure de précaution qu'il a revendiqué la liberté ; il a moins considéré, en appelant son retour, les droits qu'elle assure que les freins qu'elle impose. En un mot, c'est moins la liberté qu'il a prétendu conquérir que l'arbitraire qu'il a voulu exclure.

Mais il ne suffit pas de repousser l'arbitraire : il faut encore, pour le combattre avec plus d'avantage, savoir le découvrir partout où il règne. Les gouvernements sont enclins à ne le considérer que dans la société, et sous prétexte de l'en guérir elle-même, ils travaillent à le faire passer dans leurs propres pouvoirs. La société le dénonce à son tour dans les gouvernements, sans songer à se demander si elle ne s'est pas laissée, elle aussi, envahir par son influence. Il est rare qu'il ne se rencontre pas à la fois et dans la société et dans les gouvernements. Les mœurs d'ordinaire n'en sont pas moins pénétrées que les institutions, et la sanction qu'il reçoit des unes, n'est trop souvent que l'effet de l'appui qu'il a reçu des autres.

Qu'est-ce, après tout, que l'arbitraire ? Il a bien des noms, suivant le domaine dans lequel il s'applique ; c'est la fantaisie substituée à la raison, c'est la conscience sacrifiée à la fortune, c'est la mobile inspiration de l'intérêt remplaçant les règles immuables de la justice, c'est l'imagination mise au-dessus de la vérité, la volonté de l'homme au-dessus de la loi.

Entendu de la sorte, l'arbitraire a de tout temps répondu à certains penchants de la nature humaine. Il a joué de tout temps un grand rôle dans notre histoire, et nous pouvons sans crainte lui attribuer la plupart de nos vicissitudes, de nos épreuves et de nos fautes. Il n'est donc pas de soin plus important, pas de devoir plus urgent que de travailler à le détruire.

Nous sera-t-il permis, à ce titre, d'examiner l'empire qu'il exerce aujourd'hui parmi nous ? Il y aurait à l'envisager sous le double aspect que nous indiquions tout à l'heure, à le voir dans le gouvernement et dans la société. Quelle place occupe l'arbitraire, sinon dans les institutions, du moins dans la manière dont elles sont interprétées ? Quelle place dans les partis, et quelles ont été, quelles peuvent être encore, soit pour leurs propres destinées, soit pour l'avenir de la France, les conséquences de l'esprit de division et d'intolérance qui trop souvent préside à leurs démarches et dicte leurs jugements ?

Tel est le sujet que nous nous proposons de traiter dans cette étude. Nous voudrions ensuite, si l'entreprise n'est pas trop ambitieuse, essayer de montrer comment nous entendons, soit dans les partis, soit dans le gouvernement, la fin de l'arbitraire, c'est-à-dire la Justice.

II

Sans aucun doute, l'arbitraire a régné dans l'ancien régime. Non pas que la liberté en fût complétement bannie ; elle existait, ou plutôt il y avait alors certaines libertés développées dans une mesure que nous ne connaissons plus, et l'indépendance des caractères trouvait dans les institutions du temps des soutiens et des armes qu'elle chercherait vainement dans notre siècle. Mais les droits qui couvraient la face de la société étaient mal définis ; les pouvoirs se confondaient. Aucun d'eux, pas même le pouvoir royal, n'était absolu ; mais ils empiétaient tous les uns sur les autres, sans réussir à défendre eux-mêmes leurs légitimes attributions. Le roi était à la fois souverain, législateur et juge : mais les parlements, issus d'une origine indépendante, alléguaient des titres pour exercer quelques-unes des prérogatives de la couronne, et on les voyait, tantôt lui imposer leurs prétentions les plus excessives, tantôt se laisser entraver par elle dans l'usage de leurs droits les plus incontestables. Les pays d'états offraient le spectacle de semblables vicissitudes ; ces assemblées, qui avaient tenu la royauté en échec, n'arrivaient parfois à n'être entre ses mains que des formes vaines. Les impôts, surtout au dix-huitième siècle, étaient sans cesse remaniés ; nulle assurance n'était donnée au crédit public, et la liberté individuelle, que protégeaient les corporations, se trouvait à la merci d'une lettre de cachet.

La France de 89 refléta ces contradictions dans la diversité de ses aspirations et de ses œuvres. Les cahiers des bailliages émettaient des vœux admirables en faveur des institutions libres ; animés des mêmes tendances, les législateurs allièrent les pratiques les plus exclusives aux réformes les plus généreuses. Les complaisances envers la foule et les défiances envers le pouvoir, les théories absolues et les molles condescendances se mêlaient dans l'esprit public. On poussait l'amour des principes jusqu'à s'écrier : « Périssent les colonies plutôt qu'un principe ! » et l'on méconnaissait le premier d'entre eux, le respect de la vie humaine, jusqu'à excuser le meurtre par ces mots : « Le sang qui coule est-il donc si pur ! » La liberté respirait dans tous les instincts ; l'arbitraire régnait dans les mœurs.

Loin de nous la pensée de rattacher à ce grand et patriotique mouvement les années qui suivirent ! Mais il importe de le remarquer : les injustices, tolérées ou commises par la Constituante, frayèrent la voie aux attentats de la Convention, comme elles étaient imputables elles-mêmes aux abus de l'ancien régime. Elles contribuèrent à entretenir dans les cœurs français le goût et l'habitude des procédés arbitraires. Quand furent écoulées ces heures néfastes, la nation se sentit prise d'un grand désir d'humanité. A la vue de tant de ruines accumulées autour d'elle, en deuil de tant de victimes sacrifiées à d'abominables vengeances, elle eût volontiers répété le cri d'un de ses plus illustres interprètes : « La justice ! encore la justice ! et toujours la justice ! » Et pourtant, une fois de plus, elle préféra l'intérêt du jour à l'éternelle justice : elle chercha le retour du droit dans la violation de la légalité ; ce fut en donnant à un homme le pouvoir de tout faire qu'elle se flatta de réparer les maux que ce même pouvoir, exercé par une assemblée, lui avait causés.

L'empire ne faillit pas à son origine. On vit un conquérant disposer souverainement des destinées de la France, ne reconnaissant à son autorité d'autre frein que celui qu'il trouvait dans ses propres lumières, mettant sans doute l'ordre dans les finances, la régularité dans l'administration, l'unité dans les lois et faisant prévaloir des vues grandes et utiles, mais toujours en vertu de sa volonté seule et par l'effort d'un génie qui se croyait aussi supérieur aux lois qu'il l'était aux hommes. Il recueillit le fruit amer de cette longue prédominance, et il est difficile de ne pas signaler dès ce moment la faiblesse qu'il rencontra, aux jours de crise, dans ces âmes façonnées à ne suivre d'autre inspiration que la sienne. Lorsque les revers eurent pesé sur sa tête, lorsque la fortune inconstante se fut retirée de ses entreprises, il sentit le besoin de consulter ses amis et de demander à leur initiative un ressort nouveau pour son courage : « Comme l'Empereur voudra! comme l'Empereur voudra! » Ce fut toute la réponse qu'il obtint de leur indépendance.

Il faut rendre cet hommage à la Restauration qu'avec elle le droit rentra dans la société. Il était le fondement de la Charte, et la propriété, désormais inviolable, assurait à la liberté sa condition la plus essentielle. Toutefois on ne traverse pas impunément vingt années de despotisme; et comme nous avons senti en 1848 le bienfait de trente ans de liberté, nous avons, pour un moment, éprouvé en 1815 les regrettables effets des régimes par lesquels nous venions de passer.

Mais enfin c'était la France qui se trouvait appelée à prendre en main ses propres affaires. L'impôt ne se réglait plus sans son consentement. Les lois étaient soumises au vote de ses représentants; la division des pouvoirs cessait d'être une fiction. Des institutions étaient fondées, qui, en dépit d'attaques parties de points opposés, portaient en elles-mêmes une réaction permanente contre l'arbitraire. Elles furent frappées deux fois et par le pouvoir et par une révolution. Leur vertu continua de se faire sentir, et bien que déracinées, pour leur malheur, du droit séculaire qui les soutenait, elles nous donnèrent encore des jours de liberté.

Les passions des hommes n'en eurent pas moins leurs éclats funestes. Toute révolution est fatalement une époque de triomphe pour l'arbitraire. On maudit les vaincus; on exalte les vainqueurs. Rappelez-vous les termes dont on se servait en 1830 pour désigner le régime tombé; lisez les proclamations qui se publiaient en 1848 pour célébrer la république et caractériser le gouvernement déchu. Toujours même langage : il n'y a rien que de pur dans ceux qui ont saisi le pouvoir, rien que de condamnable dans ceux qui l'ont perdu. Déplorables habitudes qui laissent leur empreinte dans l'esprit public, qui rendent comme étrangers les uns aux autres les citoyens d'un même pays et ne les instruisent que trop à juger de la moralité des actes et de la vertu des hommes par leur succès !

Comment le régime actuel aurait-il évité ces écarts ? Tout l'y poussait, les traditions du premier empire autant que les circonstances particulières à son propre avénement.

La dictature, chacun en conviendra, résultait du *deux décembre*. Accompli pour raffermir l'autorité, le coup d'État devait tourner vers ce but la direction des forces qu'il mettait aux mains du gouvernement. Sanctionné par le suffrage universel, le nouveau pouvoir trouvait dans cette absolution une carrière sans limites. Il invoquait la souveraineté du peuple méconnue, disait-il, par l'Assemblée qui en était issue ; mais, par là même qu'il prétendait en offrir la fidèle expression, il était conduit à étouffer toutes les démonstrations qui eussent paru la contredire. Obligé de se donner pour infaillible, il était tenu de rester indiscutable.

On est d'autant plus à l'aise pour parler de cette situation, que le gouvernement manifeste depuis quelques années l'intention de la modifier. Ce serait mal répondre à l'objet de ce travail que de ne pas mettre en lumière de si louables tentatives.

Les décrets du 24 novembre 1860 se présentent tout d'abord à notre pensée. Ils ont rendu au Corps législatif le droit d'amendement, et aux deux Chambres la faculté de faire connaître dans une adresse leur opinion sur la marche de la politique. Un an plus tard, un ancien ministre, qui l'est bientôt redevenu, a signalé les vices de l'organisation financière, et ses observations, plus heureuses que les instances réitérées de la représentation nationale, ont entraîné d'importantes résolutions. La presse a eu elle-même sa petite part dans les réformes : la suppression des journaux a cessé d'être la suite nécessaire d'une double condamnation. Il est vrai que le ministre de l'intérieur est demeuré maître de la prononcer, sans qu'ils aient été préalablement frappés par aucun jugement. Dans l'enseignement, enfin, des mesures récentes, mêlées à de fâcheuses innovations, ont rétabli le cours de philosophie et soumis à des formalités protectrices la révocation des professeurs.

Ces concessions, modestes assurément, ont l'avantage d'être en contradiction ouverte avec l'esprit qui a prévalu en 1852. Elles le révèlent en l'atténuant. Chaque promesse faite à la liberté est un aveu de son absence. Le jour où l'Empereur disait : « Mon gouvernement manque de contrôle, » il posait la première condition des gouvernements libres, et il constatait avec une grande franchise que son gouvernement ne la remplissait pas.

Appuyés sur l'autorité de ces déclarations et encouragés par ces réformes, nous voulons examiner si cette condition se trouve aujourd'hui plus complétement observée ; nous voulons nous demander où en est ce contrôle que l'Empereur s'affligeait de ne pas rencontrer autour de lui.

On peut dire qu'il existe partout où se trouve pleinement appliquée cette division des trois pouvoirs que prônait avec tant de raison, il y a quelques mois, un des principaux hommes d'État du second empire, M. le duc de Persigny [1]. La division des pouvoirs est en effet la règle et la garantie des libertés publiques. Elle exige que

---

[1] Discours prononcé au Cercle des arts et du commerce de Saint Etienne. Août 1865.

les trois pouvoirs demeurent, chacun dans sa sphère, entièrement
indépendants, et que chacun d'eux soit tout à la fois en mesure de
résister aux empiétements des autres et dans l'impossibilité d'usurper
lui-même leurs attributions. On a reproché aux parlements de s'être
ingérés dans les fonctions législatives, et nos constitutions ont interdit aux juges les arrêts de règlement. On a reproché aux Assemblées
leurs entreprises contre le pouvoir exécutif, et de cette accusation,
que nous n'avons pas dessein d'examiner, est sorti le coup d'État du
2 décembre. Le péril n'est pas moindre, l'ordre n'est pas moins gravement troublé, lorsque le pouvoir exécutif attire à lui les droits des
autres pouvoirs. Si les choses étaient combinées de telle façon que
les législateurs dussent leur origine au gouvernement, ou se trou-
vassent gênés dans l'exercice de leur mandat; si les juges, par la
dépendance qui les lierait envers l'administration, étaient à quelque
degré responsables devant elle, si les institutions fournissaient au
gouvernement le moyen de s'élever au-dessus des décisions législatives et des sentences judiciaires, la division des trois pouvoirs n'exis-
terait pas.

Ce point de départ établi, quelle est l'organisation présente du
gouvernement? Quels sont les rapports du pouvoir législatif et du
pouvoir judiciaire avec le pouvoir exécutif? De quelles prérogatives
celui-ci est-il revêtu? Quelle est sa responsabilité? Quels sont les recours ouverts contre lui? Quel refuge les libertés, garanties par la
Constitution, ont-elles contre ses entreprises?

Quand nous aurons répondu à ces questions, nous aurons épuisé
la première partie de notre sujet. Nous saurons à quoi nous en tenir
sur la place que l'arbitraire occupe dans le gouvernement.

Parlons d'abord du pouvoir législatif.

III

Nous devrions comprendre sous ce titre et placer en première ligne
le Sénat. Mais la mission de ce grand corps est plutôt de redresser les
injustices que de faire les lois. Sa plus haute prérogative apparaît
dans les relations que le droit de pétition lui crée avec le peuple tout
entier. Nous serons donc amenés à considérer l'importance et l'effi-
cacité de son rôle, en traitant de la responsabilité du gouvernement.

En ce moment, nous ne nous occuperons que du Corps législatif et de la presse, auxiliaire indispensable des représentants du pays.

Quelque opinion que l'on ait sur l'étendue des prérogatives de la représentation nationale, il y a un point que tout le monde accorde, c'est que le vote de l'impôt est le premier de ses droits. Comme il n'est pas de service qui puisse marcher sans argent, c'est dans une question de finances que se résolvent les questions politiques. En soumettant son budget à la Chambre, le gouvernement lui soumet sa conduite tout entière, ou plutôt il la livre au jugement du pays.

Pour que la Chambre remplisse exactement ses attributions, trois conditions sont nécessaires : il faut qu'elle soit issue d'élections libres ; il faut qu'elle ne rencontre dans l'appréciation du budget aucune entrave ; il faut enfin que son vote soit efficace.

Il n'est pas besoin de le dire ; la liberté électorale est inscrite dans notre Constitution ; si l'on s'en tient à une observation superficielle, les Assemblées n'ont jamais eu une origine plus populaire ni une indépendance mieux garantie que depuis 1852.

Tous les citoyens sont électeurs : nul cens, nul privilége, nulle exception. Le scrutin est secret. Les fonctionnaires sont exclus du Corps législatif; les uns ne sont pas même éligibles, les autres doivent opter, une fois élus, entre leur emploi et leur mandat. Tant le législateur a eu à cœur de ne laisser subsister aucun lien entre le député et le gouvernement !

Comment se fait-il que des règles si sages aient soulevé dans la pratique de si vives réclamations ? Comment ce droit des électeurs, si vaste au premier abord, s'est-il trouvé si limité ? C'est ici que l'on va démêler l'existence de l'arbitraire et ses effets inévitables.

La réalité des droits électoraux dépend, avant tout, de la sphère dans laquelle ils s'exercent. L'objet de la loi étant d'appeler tous les citoyens au scrutin et d'obtenir de leurs suffrages la sincère expression du vœu public, rien ne doit être négligé pour les mettre à même de fixer leur jugement et de concerter leurs choix. Il serait déraisonnable d'imposer aux habitants de Marseille le même député qu'aux habitants de Lille; il ne le serait guère moins de scinder un arrondissement, de séparer les unes des autres des communes voisines et de substituer à ces agrégations naturelles des groupes arbitraires où se trouveraient confondus pêle-mêle les cantons les plus éloignés d'un département.

Or c'est au préfet qu'appartient le soin de préparer la distribution des circonscriptions électorales. La pensée du préfet (et l'on ne saurait s'en étonner) est d'obtenir, avant tout, des députés agréables au gouvernement. Il travaille à ce résultat avec l'ardeur d'un dévouement que stimule encore l'instinct de conservation. Son existence administrative est attachée au succès de la lutte, et si nous déplorons

les vexations innombrables auxquelles cette préoccupation malheureuse expose les électeurs, ce n'est pas sans donner un regard de
compassion aux anxiétés de ces fonctionnaires que poursuit dans
l'arène électorale la crainte d'être à la fois battus et révoqués.

Que dans tous les temps et dans tous les pays, les agents du gouvernement aient à cœur le triomphe de ses candidats, nous ne songeons point à le contester. C'est leur intérêt; c'est aussi leur droit.
Il est naturel que le pouvoir donne sa préférence aux défenseurs de
sa politique, et qu'estimant cette politique bonne, il les recommande
lui-même à leurs concitoyens. Mais son intervention doit s'arrêter là :
les électeurs sont des juges : leur vote est une sentence. On n'impose
pas une sentence, et il n'est permis ni de séduire ni d'intimider ses
juges. Les particuliers seraient peut-être tentés d'oublier ces vérités,
si le Code pénal ne se chargeait de les leur rappeler. L'administration, sujette à de semblables faiblesses, ne sera certaine de les
vaincre, que si, au premier essai, elle sent un frein qui l'arrête. Son
action ne restera impartiale que si ses pouvoirs ne sont pas exclusifs.

La distribution des circonscriptions électorales ne devrait donc pas
être livrée à sa seule décision. Les électeurs ont le droit d'y mettre
la main ; il nous semblerait convenable que dans chaque département, le conseil général, d'accord avec le préfet, dirigeât cette opé-
ration. Autrement quelle prépondérance ne donnez-vous pas au
gouvernement ! Il détermine à lui seul le champ de bataille ; il divise
les combattants ; il associe des communes étrangères, parfois opposées, les unes aux autres ; il sépare celles qui, ayant les mêmes
intérêts, se seraient entendues ; il morcèle les cantons où règnent des
influences qu'il redoute ; il les découpe de façon que nulle autre
influence que la sienne ne puisse prévaloir. Cela fait, les électeurs
isolés, amoindris, désorientés, sans point d'appui, il leur donne, lui
qui a pris à loisir ses dispositions, il leur donne vingt jours pour se
reconnaître, et il leur dit : « Vous êtes libres. »

Prétendra-t-on que les choses ne se passent point ainsi ? Nous
n'aurions peut-être qu'à renvoyer nos contradicteurs à ces discus-
sions mémorables dont le pays est encore ému. Il nous suffit de
répondre que, si les choses ne vont pas de la sorte, elles *peuvent* du
moins se passer ainsi. On dira plus d'une fois, sans doute, à propos
des priviléges exceptionnels dont le gouvernement est investi, qu'il
n'en fait pas usage. Soit ; mais il *peut* s'en servir ; rien ne l'en em-
pêche ; tout l'y invite, au contraire, et c'est de cette tentation qu'il
doit, pour lui comme pour nous, être pressé de s'affranchir.

Il semble pourtant que le secret du vote assure pleinement l'indépendance de l'électeur. La loi est formelle : l'électeur doit apporter
son bulletin plié et non signé ; il ne peut le remplir dans la salle du

scrutin. Son vote est nul, s'il fait connaître qu'il en est l'auteur. Voilà des prescriptions impérieuses et nettes. Comment sont-elles appliquées ?

Ne parlons que des circonstances les plus ordinaires ; prenons les faits tels qu'ils se produisent la plupart du temps dans les campagnes. Vous demandez à ce paysan s'il est électeur et pour qui il compte voter ; il vous déclare qu'il ne sait ni l'un ni l'autre. Il attend qu'on le lui apprenne. Et qui l'en informera ? Le garde champêtre. La veille de l'élection, le garde champêtre fait sa tournée : il remet à chacun sa carte d'électeur et un bulletin de vote portant le nom du candidat officiel. L'électeur, direz-vous, est maître de ne pas s'en servir. Qui vous le garantit ? Assistez-vous au colloque qui s'établit entre ce paysan et le garde champêtre ? Pensez-vous que celui-ci n'ait d'autre soin que de bien convaincre l'électeur qu'il est libre de prendre un autre bulletin ? Et n'est-ce que dans une commune imaginaire qu'en lui remettant carte et bulletin attachés ensemble, il lui dira qu'il y a *ordre* de tout rapporter à la mairie ?

Suivons notre paysan dans la salle du scrutin. Incertain, intimidé, comme s'il comparaissait devant un tribunal, il ne se doute guère qu'il va faire acte de souveraineté. Il remet son bulletin au président ; d'ordinaire le bulletin officiel a une telle forme, qu'il est difficilement méconnaissable, et l'électeur a besoin de quelque courage pour affronter les soupçons qu'au seul toucher son bulletin fera naître. Mais qu'ai-je vu sur le bureau du scrutin ? Quels sont ces billets entassés ? Sur tous je ne lis qu'un nom, celui du candidat du gouvernement. Évidemment ces bulletins ne sont là que pour être remis à l'électeur. Soit qu'il les accepte, soit qu'il les refuse, il vous fait également connaître son suffrage. Et la loi vous commande de l'ignorer, et elle interdit à l'électeur d'écrire le nom de son candidat dans la salle du scrutin, afin qu'il soit à l'abri de votre intervention. Or quelle différence, je vous prie, entre un bulletin que vous aurez rempli de votre main et un bulletin que vous lui aurez remis tout imprimé ? Dans les deux cas, la loi est méconnue : le secret du vote a été violé.

Nous ne nous occupons pas, on le voit, des plus grands abus : scrutins ouverts avant l'heure, suspension du cours de la justice, arrestations arbitraires, lacération d'affiches, entraves à la publication des circulaires électorales, urnes non scellées, tous ces faits que le Corps législatif a relevés dans plus d'une élection, nous les mettons à l'écart. Nous nous en tenons aux pratiques les moins criantes et les plus usitées. La loi les condamne, cela est certain ; mais l'administration les inspire ou les absout ; et si l'on songe au régime sous lequel sont placées les communes, on comprendra les périls que de tels procédés font courir à nos institutions.

Le trait distinctif de ce régime, c'est la situation du maire. Le maire, dans chaque commune, est un potentat. Il l'est ou il peut l'être, ce qui légalement revient au même. Il n'est plus, comme dans l'ancienne monarchie et sous la dernière république, élu par ses concitoyens ; il n'est pas même, comme sous le gouvernement de 1830, pris par le pouvoir au sein du conseil municipal. Il ne dépend que de la volonté officielle dont le choix n'est soumis à aucune condition. Les populations, qu'il a mission de représenter, n'ont été pour rien dans son élection ; il est chargé de les administrer, et il n'a vis-à-vis d'elles aucune responsabilité. Voilà l'homme que l'État prétend interroger sur les vœux de la commune.

Consulté par le préfet, il sera porté à lui donner, comme celui-ci à son ministre, les avis qu'il croira devoir être le mieux acceptés, et il arrivera quelquefois qu'en lui demandant son opinion, le préfet lui aura insinué celle qu'il convient d'exprimer. C'est ainsi qu'un de ces hauts fonctionnaires priait un jour les maires d'un arrondissement de lui désigner parmi trois personnages qu'il leur présentait un candidat pour le conseil général, en prenant soin de leur indiquer celui qu'il désirait voir choisi par eux.

Sans doute, — et la liste des dernières destitutions en porte témoignage, — il se rencontrera des maires capables de résister aux injonctions qui leur seront faites. Mais ces nobles exemples ne sauraient être que des exceptions. Le plus grand nombre suivra l'ornière ; soit par frayeur, soit par ignorance de leurs droits, ils se rendront aux ordres de leurs supérieurs et ne se dédommageront de la pression qu'ils auront subie qu'en la faisant sentir eux-mêmes à leurs subordonnés.

L'adjoint, l'instituteur, le percepteur, le directeur de la poste, le garde champêtre, le débitant de tabac, l'aubergiste, le cantonnier, que d'existences qui dépendent de l'administration et que l'impulsion d'un maire, investi des pouvoirs du préfet, lancera dans la lutte ! On devine le sort du paysan dans cette mêlée. Tous ces agents doivent à leurs fonctions de le pousser au vote, et il a trop besoin lui-même de leur bienveillance, il est trop habitué à révérer en eux le prestige de l'autorité pour résister à leur influence. Le payement de ses contributions, le règlement de sa prestation, l'éducation de ses enfants, les actes de son état civil, les attestations d'indigence, les certificats de moralité, les autorisations de tenir boutique ouverte, tous ses intérêts sont dans leurs mains. Il n'est presque pas un détail de sa vie pour lequel il n'ait à recourir à M. le maire, et si M. le maire est bien faible pour contrarier les vues de l'administration, il

est tout-puissant pour les servir : rigueurs et faveurs, il distribue
tout. Décidément, il avait trop raison, ce spirituel préfet qui disait à
l'un de ses adversaires : « Comment pensez-vous réussir ? Vous
pêchez à la ligne dans un étang où j'ai partout mes filets tendus. »
Il n'oubliait qu'une chose : c'est que le résultat de la lutte se mesure
aux conditions dans lesquelles elle s'est engagée, et qu'à ce titre il y
a bien des défaites qui valent certaines victoires, et bien des victoires
qui ne valent pas certaines défaites.

Les libertés publiques, avec le retentissement qu'elles assurent à
toutes les réclamations, le frein qu'elles opposent à tous les abus, ap-
porteraient, on le comprend, un remède efficace à cet état de choses :
on l'aurait déjà beaucoup atténué, en changeant l'origine du maire.
On changerait par là même son intérêt. Si l'on redoute l'influence
exclusive du suffrage universel, on peut du moins établir que le
maire sera choisi par le gouvernement dans le sein du conseil municipal. On n'aperçoit pas en vérité par quelle logique un régime fondé
sur la souveraineté du peuple hésiterait à consulter le peuple sur la
désignation des magistrats municipaux. Le jour où le maire sera pris
parmi les élus du suffrage populaire, il offrira un tout autre appui au
gouvernement. Il ne sera d'une façon absolue ni l'homme du gouvernement ni l'homme de la commune, il les représentera l'un et l'autre.
Il s'opposera, loin de les seconder, aux mesures illégitimes que voudrait prendre l'administration, et il cessera de se faire le héraut attitré
de ses candidats ; mais en même temps il lui donnera des avis d'autant plus profitables qu'aucune complaisance ne les aura dictés, et il
la défendra devant les populations avec d'autant plus d'autorité que
son zèle ne semblera point la conséquence de ses fonctions.

Qu'on ne dise pas que, pour être à la discrétion du gouvernement,
les maires n'en sont pas moins libres. Ils sont libres ; mais dès qu'ils se
trouvent en dissidence avec le préfet, il faut qu'ils choisissent entre
leur place et leur conviction. Ils sont libres ; mais si un maire déclare
qu'il lui est impossible de voter pour le candidat officiel, il s'entend
traiter « d'ennemi de l'empire. » Ils sont libres ; mais plusieurs d'entre
eux ont été destitués dans l'Ille-et-Vilaine pour avoir soutenu la candidature de M. de Kerdrel. Ils sont libres ; mais sept fonctionnaires
municipaux ont eu le même sort dans la Haute-Loire pour avoir appuyé
M. de Flaghac. Ils sont libres ; mais vingt-sept maires et adjoints de
la Lozère ont été suspendus ou révoqués pour avoir appuyé M. de Cham-
brun. Ils sont libres de la même liberté que ces instituteurs prussiens
à qui le président de la régence de Krussow écrivait, l'été dernier :
« Je déclare expressément que naturellement personne ne pense à
régler les opinions politiques de chacun ou à restreindre sa liberté
électorale ; mais je dois dire non moins expressément qu'une manifes-

tation extérieure d'opinions politiques qui ne seraient pas d'accord avec les devoirs imposés aux employés ou la fidélité due par les sujets du roi ne pourrait rester impunie.»

Il est inutile d'insister sur les dangers que présente cette ingérence du gouvernement dans les opérations électorales. Elle blesse évidemment le principe de la division des pouvoirs ; elle entame à sa racine l'intégrité du pouvoir législatif. La liberté de l'électeur est la première garantie de l'indépendance du député.

IV

Cette indépendance du député, la loi, nous l'avons dit, a voulu l'assurer par les plus minutieuses et les plus prévoyantes dispositions. Elle a interdit en conséquence l'entrée de la Chambre aux fonctionnaires.

On a quelque droit, il est vrai, de s'étonner de l'interprétation qui a soustrait à l'application de cet article les personnes placées auprès du souverain. Le Corps législatif compte, dit-on, vingt-trois membres qui se trouvent dans cette situation. On ne les considère pas comme des fonctionnaires, et l'on accorde à un chambellan l'indépendance qu'on craindrait de ne pas rencontrer dans un professeur de Sorbonne ou dans un magistrat inamovible. Nous avons peine à nous expliquer cette distinction. On l'aurait peut-être admise sous les institutions parlementaires. Le souverain en effet recevait alors ses ministres des mains de la majorité, et il pouvait arriver qu'il portât sur eux le même jugement que l'opposition. C'était donc en pareille occurrence faire acte de bon courtisan que de voter contre les ministres, et si l'on avait accusé les employés de la liste civile de complaisance à leur égard, on eût peut-être fort mal placé ses imputations. Aussi est-il établi en Angleterre, pour éviter pareil antagonisme, que les charges de la cour doivent se renouveler avec les portefeuilles.

Il n'en est plus de même en France ; le souverain exerce seul le gouvernement, et seul il en répond ; les ministres ne sont que ses commis. De là des rôles tout à fait renversés : naguère le roi sanctionnait une politique qu'il n'avait pas toujours inspirée et se réservait en retour le droit d'en critiquer les auteurs ; aujourd'hui les ministres appliquent une politique dont ils n'ont de droit ni l'initiative ni la responsabilité, et un ministre qui, tout en exécutant les vues de son maître, se permet d'en contester la justesse, ne serait peut-être pas dans l'histoire chose absolument introuvable.

Il eût été juste, à notre avis, de tenir compte de ces changements.

Quoi qu'il en soit, l'exclusion prononcée contre les fonctionnaires nous reporte aux procédés qui président à l'accomplissement des élections. Pourquoi la loi a-t-elle écarté les fonctionnaires du Corps législatif? Parce qu'elle a regardé comme suspecte de condescendance envers le gouvernement toute personne qui tiendrait de lui son emploi. Or, si l'administration peut se mêler des élections, s'il lui est permis de vouer au succès d'un candidat tous ses agents, toutes ses immunités, tous ses moyens d'action; si, exempte des formalités auxquelles est soumis son adversaire, armée de droits qu'il ne possède pas, protégée par des priviléges dont il n'est pas revêtu, elle peut engager directement la lutte avec lui, n'inclinera-t-elle pas à voir dans le député qu'elle aura fait triompher son propre mandataire encore plus que celui des électeurs? Il ne pourra être recherché par les tribunaux ni pour ses paroles ni pour ses votes. Chose bien plus grave! il pourra être recherché par le ministère. Pour un suffrage donné contrairement aux intentions officielles, pour un rapport déposé, au nom d'une commission, contre un projet de loi, pour une simple dissidence, il verra, au terme de la législature, tous ses antécédents méconnus et oubliés; son opposition sera dénoncée avec le même éclat qu'était proclamée jadis sa fidélité, et sa candidature combattue par les mêmes armes qui l'avaient fait prévaloir. N'y a-t-il pas là un péril pour la souveraine liberté du vote? On a exclu, dans une pensée louable, les fonctionnaires de la Chambre. Mais par l'origine et la sanction qu'on tend à lui donner, ne risque-t-on pas de faire du mandat législatif une sorte de fonction?

Ce n'est pas nous, qu'on le sache bien, qui nous permettons cette assimilation? Nous en trouvons l'idée, certainement involontaire, et néanmoins instructive, dans deux documents officiels. Le premier est ce discours fameux d'un commissaire du gouvernement qui, interrogé sur les motifs du désaveu infligé à un ancien candidat de l'administration, déclarait « que, dans les principes des gouvernements, même parlementaires, les ministres ont toujours eu l'omnipotence complète de destituer les fonctionnaires qui ne votaient pas avec eux.» Paroles qu'arrêtait aussitôt cette interruption : «Mais un député n'est pas un fonctionnaire.» Le second, un peu moins récent, est une lettre adressée par le ministre de l'intérieur à un préfet en retraite pour lui offrir, en attendant une position plus haute, une candidature officielle. Il suffit d'en reproduire les termes : «Vous savez, écrivait le 5 avril 1863 M. de Persigny à son correspondant, que depuis longtemps j'attends avec impatience l'occasion de vous rappeler à une grande préfecture; vous

savez aussi que l'Empereur, qui sait parfaitement que votre rempla-
cement à celle de Toulouse n'a été dû qu'à un malentendu, est tout
disposé à *profiter de la première occasion pour vous rappeler à un poste
important*. Et cependant, à la veille de réaliser vos justes espérances, je
viens vous *demander un sacrifice* et faire appel à votre dévouement. »

Ce sacrifice, nous en demandons pardon au Corps législatif et aux électeurs, c'est la députation. « Je fais appel à votre dévouement, dit le
ministre (après avoir attaqué le député sortant) ; je vous demande,
au nom de l'Empereur, de vous présenter à la députation de votre
circonscription contre M. K... comme candidat du gouvernement. »

Cette lettre, à notre sens, caractérise la situation.

V

Il est temps d'accompagner le député dans l'enceinte législative.
Les pouvoirs de la Chambre sont restreints. Elle n'a plus le droit d'initiative, elle n'a plus le droit d'interpellations. Elle a été longtemps
privée du droit d'amendement et ne l'a recouvré, depuis les décrets
du 24 novembre, que dans une certaine mesure. Toutefois elle peut
refuser son vote à un projet de loi, et elle a deux grandes occasions
de manifester ses sentiments sur l'ensemble de la politique : la discussion de l'Adresse et l'examen du budget.

La discussion de l'Adresse présente une importance que les so-
lennels débats de cette année ont pleinement mise en lumière.
L'Empereur n'a fait, en la rétablissant, que suivre son désir de rendre au gouvernement ce contrôle dont l'absence paraît quelquefois préoccuper douloureusement sa pensée. Il a exprimé l'espoir
d'obtenir des corps délibérants des éclaircissements et des conseils
sur la marche des affaires et sur les besoins du pays. Leur droit est de
peu de durée, puisqu'il ne survit pas au vote de l'Adresse ; dans ce court
espace il est du moins illimité, et ils sont d'autant plus fondés à
l'exercer qu'il leur sera plus tôt enlevé. Aussi le souverain les a-t-il
conviés lui-même à *épuiser pendant le vote de l'adresse toutes les dis-
cussions*.

Mais les vœux qu'ils font entendre n'ont aucun effet nécessaire sur
la conduite du gouvernement. La responsabilité ministérielle don-
nait jadis une portée pratique aux vues de la majorité, en obligeant

le cabinet à s'y conformer ou à se retirer. Aujourd'hui il ne court aucun risque à s'en écarter. Il y a sans doute dans les démonstrations d'une Assemblée une gravité que nul ne doit méconnaître, et alors même que le pouvoir n'en tiendrait pas compte, l'opinion ne demeurerait pas insensible aux débats soulevés parmi les représentants du pays. Mais, à ne prendre que la légalité, les remontrances ou les requêtes du Sénat et du Corps législatif n'engagent personne, et la responsabilité solitaire de l'Empereur lui permet de les ranger, s'il le juge convenable, dans cette région des idées pures à laquelle elle appartient elle-même.

En principe, il en est autrement de la discussion du budget. Le Corps législatif peut le repousser par son vote, et bien qu'il n'ait aucun moyen de sanctionner sa décision, il serait périlleux de procéder contre elle.

En fait, ce droit incontestable n'est guère de ceux qu'on puisse exercer.

Écartons d'abord ce préjugé qui tendrait à mettre à l'abri de tout examen une pratique ou une loi par là même qu'elles sont actuellement en vigueur. Le système financier inauguré en 1852 a été déclaré parfait jusqu'au jour où un ministre est venu dire : « En étudiant la question financière, il est facile de prévoir qu'à *moins d'un changement de système*, nous nous trouverons en présence d'embarras très-graves. » De quel air n'eût-on pas relevé l'audacieux qui, avant 1860, eût montré le Corps législatif placé par la Constitution entre *une résistance insensée et une soumission regrettable !* C'est pourtant à cette extrémité que M. de Morny nous a appris, aux applaudissements de cette Assemblée même, qu'elle avait été réduite jusqu'aux décrets du 24 novembre.

Serait-il trop téméraire de devancer l'événement, une fois par hasard, et de ne pas attendre que les réformes soient faites pour les réclamer ?

Comparons le régime qu'a rétabli M. Fould avec celui qu'il a critiqué et remplacé.

On sait comment se réglait le budget avant 1852. Il était voté par chapitres distincts : les fonds accordés par la Chambre ne pouvaient être détournés du service auquel elle les avait affectés. S'ils dépassaient les besoins réels de ce service, l'excédant était porté aux annulations de crédits ; si, au contraire, ils se trouvaient insuffisants, des crédits supplémentaires étaient ouverts par un décret qui devait être soumis à la sanction législative. Cette obligation n'était pas une vaine forme. La responsabilité qui pesait sur les ministres la rendait sérieuse et lui ôtait ce caractère *illusoire* qu'au dire de M. Fould, elle aurait revêtu depuis.

On a reproché à ce système de forcer les ministres, par l'exiguïté des ressources mises entre leurs mains, à multiplier les crédits supplémentaires. Il a été décidé en 1852 que le Corps législatif ne voterait le budget que par ministères, et que la répartition des fonds par chapitres serait réservée au pouvoir exécutif. Investi du droit de transporter d'un chapitre à un autre les sommes qui lui étaient allouées, le gouvernement ne serait plus obligé dorénavant, ni d'annuler des crédits, ni d'en ouvrir. Les crédits supplémentaires disparaîtraient.

La fin des crédits supplémentaires, tel était le grand mérite du nouveau régime ; tel était l'inévitable bienfait qu'il allait opérer. Par malheur les crédits supplémentaires n'ont fait que s'accroître : chaque année les commissaires du gouvernement sont venus déclarer au Corps législatif qu'on n'en ouvrirait plus, et chaque année ils lui ont appris qu'on en avait ouvert. « Le gouvernement de l'Empereur, lisait-on dans l'exposé des motifs du budget de 1857, espère de plus en plus restreindre les crédits supplémentaires et les réserver pour les cas rares, c'est-à-dire pour les besoins urgents et imprévus. » Et le rapporteur du budget de 1859 en était réduit à invoquer le souvenir du régime parlementaire, et à dire : « Les crédits supplémentaires, ne sont plus maintenant soumis à aucune restriction ; ils sont complétement indéfinis. »

Enfin M. Fould a parlé, et les mêmes bouches, qui avaient proclamé le système irréprochable, l'ont déclaré désormais intolérable.

Le budget a cessé de se voter par ministères. On a divisé les ministères en *grandes sections* qui doivent être, chacune dans son ensemble, soumises au suffrage du Corps législatif. Pour détruire l'abus, le gouvernement a résolûment renoncé à l'usage ; il s'est interdit le droit d'ouvrir aucun crédit, et n'a retenu que la faculté d'opérer des virements entre les différentes sections.

Ces innovations n'ont pas encore répondu, il faut l'avouer, aux espérances qu'elles avaient inspirées à leur auteur.

Sans doute le vote du budget par sections est préférable au vote par ministères. Mais ces grandes sections n'en embrassent pas moins des services immenses : le ministère des finances, divisé en neuf sections, comprend, à lui seul, 72 chapitres ; le ministère de l'intérieur comprend 23 chapitres et n'a que six sections ; le ministère de la guerre en a quatre et embrasse 26 chapitres. On voit dès lors quelle différence sépare le vote par chapitres, tel qu'il se pratiquait sous la monarchie constitutionnelle, d'avec le vote par sections, tel qu'il se pratique aujourd'hui. Si, par exemple, le Corps législatif veut écarter un chapitre de la première section des finances, il lui faut repousser les 33 chapitres qui composent la section tout entière. Pour diminuer

les fonds relatifs au Sénat, lesquels dépassent un peu 6 millions, il devrait repousser la dette consolidée, inscrite dans la même section.
Est-ce possible? La deuxième section du ministère de la guerre comprend les états-majors et la gendarmerie. Le Corps législatif peut
désirer une diminution dans le crédit ouvert pour les états-majors,
afin de limiter la création des grades de généraux de division et de
généraux de brigade, dont aucune loi n'a déterminé le nombre. Mais
comment essayera-t-il de faire prévaloir son avis, si, du même coup,
il doit compromettre le service de la gendarmerie, qu'il tient à juste
titre pour indispensable?

Le Corps législatif n'est donc pas beaucoup moins gêné dans ses
décisions qu'il ne l'était avant le 14 novembre 1861, et cette alternative d'*une résistance insensée* ou d'*une soumission regrettable* que
posait M. de Morny ne s'est pas entièrement dissipée pour lui.

Le droit de virement est-il mieux fait pour atténuer les inconvénients des crédits supplémentaires? Il n'est plus permis au gouvernement d'ouvrir ces crédits, mais il lui est permis, sous certaines
formalités, de transporter à une section les fonds alloués pour
une autre section : il lui est permis de les faire passer d'un service
nécessaire à un service accessoire; pour combler le vide, il n'aura
qu'à s'adresser au Corps législatif. Il se peut que le Corps législatif
blâme la dépense; il ne se peut guère qu'il refuse de la sanctionner ; ce serait faire payer à l'État la faute d'un ministre. Plus la
faute sera grande, plus le vote des députés sera obligatoire : ils pour-
ront d'autant moins laisser un service découvert que ce service sera
plus important. « Dans les circonstances extrêmes, disait M. Fould au
Sénat, alors que tous les crédits sont absorbés et qu'il faut faire face
à de grands besoins, le Corps législatif est convoqué, et il vote avec
d'autant plus d'empressement ce qu'on lui demande, que les nécessités
sont pressantes [1]. » L'honorable sénateur avait raison; seulement il
ne remarquait pas que ces *nécessités pressantes*, il dépend d'une im-
prudence ministérielle de les faire naître.

Nous en avons eu déjà plus d'un exemple. Des virements avaient
été opérés en 1862 pour une somme de 14 millions, dont une portion (la plus faible, hâtons-nous de le dire) avait été prise sur des
fonds nécessaires. Le Corps législatif n'a pu faire autrement que
de les remplacer. Ce n'est pas tout. Il s'est trouvé qu'on avait dépassé
de 24 millions les prévisions du budget, bien qu'aux termes du sénatus-consulte du 31 décembre 1861 aucun crédit ne puisse être
ouvert sans l'autorisation du Corps législatif. L'irrégularité était
flagrante ; le Corps législatif a dû la couvrir de son vote.

[1] Séance du 24 mars 1865.

Le gouvernement l'a reconnue, il est vrai, et a promis de ne point la renouveler. Hélas! il l'a renouvelée l'année suivante : 93 millions ont été dépensés en 1863, que la Chambre n'avait pas accordés. Ils nous ont valu un excellent rapport de M. Larrabure et un discours admirable de M. Berryer; mais, en fin de compte, il a fallu, tout en les regrettant, les payer. Et comment ne pas rappeler encore que, pendant dix ans, le gouvernement s'était engagé de même à diminuer les crédits supplémentaires, et que ces crédits n'ont été qu'en empirant? Les meilleures intentions ne suppléent pas à des lois rigoureuses. En face de nécessités qu'un contrôle efficace l'eût empêché de se créer, le pouvoir risquera toujours d'être entraîné dans des dépenses qu'il n'aura point prévues, et lorsqu'il viendra les présenter à une Chambre devant laquelle il n'est pas responsable, il aura toujours le droit d'opposer au blâme dont elle voudrait frapper ses actes la désorganisation des services qu'elle ne voudra pas consentir.

M. Magne jugeait la situation avec sincérité lorsqu'il disait, le 6 mars 1863, au Corps législatif : « A l'avenir, le sénatus-consulte sera interprété par le gouvernement comme il l'est par vous, *ou bien des garanties seront accordées* pour que désormais il ne puisse plus être adressé de reproche fondé sur la manière dont des dépenses nouvelles auront été engagées. »

Le ministre, en faisant espérer des garanties, indiquait le remède véritable. Nous les cherchons, ces garanties, hors desquelles il n'y a d'assuré que l'arbitraire; nous cherchons quelle mesure a été prise pour réaliser ces promesses; nous cherchons quelle voie est ouverte au Corps législatif pour conjurer ou condamner des irrégularités nouvelles, et nous le trouvons toujours réduit à ce dilemme : ou mettre la perturbation dans un service, ou ratifier des dépenses qu'il désapprouve; c'est-à-dire : ou sanctionner l'abus, ou le remplacer par un mal pire.

VI

Il ne faut pas aller loin pour découvrir l'arbitraire dans les lois qui gouvernent la presse. L'arbitraire y est si visible qu'un ministre, voulant les définir, a commencé par le nommer. Pouvoir discrétionnaire, pouvoir exceptionnel, pouvoir dictatorial, tous ces mots, synonymes d'une même chose, et qu'énonçait avec une loyale redondance

M. de Persigny dans sa circulaire du 7 décembre 1860, tous ces mots s'appliquent également au régime qui pèse sur les journaux.

Aux termes du décret organique de 1852, un journal ne peut se fonder sans autorisation. Non-seulement il a besoin de cette autorisation pour venir au monde, mais encore il doit y recourir à chaque changement qui se produit dans son existence. Toute modification dans le personnel des gérants, rédacteurs en chef, propriétaires, administrateurs, exige l'intervention du gouvernement.

Cette disposition suffit pour mettre les journaux dans la main de l'administration. En dehors des circonstances particulières à chacun d'eux, telles que le départ d'un rédacteur en chef ou la retraite d'un gérant, il y a une éventualité commune à tous : c'est la mort. Il arrivera pour toutes ces feuilles une époque où la mort fera dans leurs rangs des vides qu'il leur faudra combler. Elles devront alors s'adresser au ministère : il n'est pas une seule d'entre elles qui n'ait, un jour ou l'autre, à le solliciter. Elles lui présenteront leurs candidats : il sera libre de les refuser, ne fût-ce que pour leur figure; à plus forte raison, pour leurs opinions. Rien ne l'empêchera même d'imposer à l'une de ces feuilles un homme dont il soit sûr et de la placer dans l'alternative ou de le subir ou de disparaître.

Si l'on me dit que le gouvernement n'usera point de ses droits, je maintiens qu'il peut en user. Si l'on insiste, je rappellerai ce qui s'est déjà passé, soit pour la fondation, soit pour le renouvellement de certains journaux.

Et d'abord on sait que le gouvernement a refusé l'autorisation de fonder un journal à des hommes qui ne s'étaient nullement montrés ses ennemis. M. Louis Veuillot, qui a soutenu avec son énergie ordinaire toutes les innovations du coup d'État; M. Louis Veuillot, qui, dans une de ses dernières brochures, témoignait encore une affectueuse partialité pour l'Empire, jusqu'à déclarer que, sans sa conduite en Italie, il eût éclipsé ses prédécesseurs ; M. Louis Veuillot, pour s'être séparé du pouvoir sur une seule question, n'a jamais obtenu cette autorisation. *Le Progrès* de Lyon, en reparaissant le 1er février, après une suspension de deux mois, nous a appris que, « pour des raisons étrangères à leur volonté comme à la sienne, » il avait dû se séparer de deux de ses rédacteurs, MM. Vermorel et Frédéric Morin. Un journal s'était fondé, sous le nom de *la France libérale*, dans le but de rallier tous les honnêtes gens sous le drapeau d'une liberté sage. Le gérant de cette feuille étant venu à mourir avant qu'elle ne fût née, elle n'a pas reçu la permission de le remplacer : sans avoir eu le temps de faillir, elle était condamnée. Il est vrai que l'administration ne s'est point montrée si rigoureuse pour *l'Opinion nationale*, *le Temps*, *la Nation* et *la France*. Mais ces divers journaux, au moment où ils ont été autorisés, représentaient tous, à l'exception du *Temps*, quelque face de la politique officielle ; on ne saurait donc voir dans leur création une preuve très-significative de la latitude laissée à la presse. Le *Journal des Villes et des Campagnes* et le *Courrier du Dimanche* ont vainement réclamé la faculté de paraître tous les jours, et si *l'Ami de la Religion* l'avait obtenue, il n'avait pu changer son titre dont l'apparence ecclésiastique devait resserrer le nombre de ses lecteurs.

L'Ami de la Religion, que nous venons de nommer, a donné lieu a un incident qu'il est utile de rappeler, parce qu'il peint le caractère de notre législation sur la presse. M. Gondon avait reçu pouvoir de fonder un journal appelé *le Globe*, en même temps que de diriger *l'Ami de la Religion*. Il résolut bientôt de cesser la publication de celui-ci et de réserver pour *le Globe* tous ses efforts. Mais voici que, par un étrange hasard, l'administration prétend l'obliger à faire précisément le contraire de ce qu'il projette. Elle lui retire l'autorisation de fonder *le Globe*, qu'il aspirait à créer, et lui confirme celle de continuer *l'Ami de la Religion*, qu'il entendait abandonner. Lui maintenait-elle l'une parce qu'il n'en voulait plus, et lui enlevait-elle l'autre parce qu'il comptait s'en servir ? Comment se trouvait-il tout ensemble indigne de commencer *le Globe* et digne de continuer *l'Ami de la Religion* ? Questions indiscrètes que nous n'avons pas à éclaircir. Il suffirait de répondre que tel était le bon plaisir du ministère. La loi n'a pas d'autres exigences.

Il arrive parfois qu'aux libéralités extérieures de l'administration sont attachées des conditions cachées qui en dénaturent singulièrement la portée. Nous en citerons deux exemples ; peut-être en trouverait-on d'autres. Nous ne parlons que de ceux que nous connaissons.

La surprise, il faut l'avouer, n'a été grande pour personne, lorsqu'un spirituel député de Paris est venu, l'an dernier, apprendre au Corps législatif quels liens uniformes enchaînaient au gouvernement les mobiles opinions du *Constitutionnel*. Cependant on n'a pas lu sans quelque étonnement les articles du contrat. On s'en souvient encore. M. le vicomte d'Anchald, admis à prendre la direction du *Constitutionnel*, avait dû préalablement remettre sa démission en blanc au ministère de l'intérieur. Une année s'était passée sans troubles, quand tout à coup cette démission en blanc lui était revenue datée et acceptée ; comme beaucoup de gens qui ne commencent à s'apercevoir des abus que lorsqu'ils en souffrent, il avait protesté contre une mesure qu'ayant ratifiée d'avance, il s'était flatté de ne jamais subir.

Nous ne saurions nous rendre à l'argumentation dont on se servit alors : qu'après tout c'était là une convention particulière dont les signataires n'avaient pas à se plaindre et sur laquelle les tiers n'avaient rien à dire. Il sera toujours regrettable de voir l'État entrer dans des pactes semblables, et l'on est d'autant plus en droit de lui en imputer la responsabilité que si quelqu'un les provoque, ce n'est pas en général celui qui livre ainsi son consentement. Il l'abandonnerait moins facilement si les dispositions de la loi étaient moins rigoureuses.

Ce qui prouve à quelles extrémités sont réduits les journaux, c'est le second exemple que nous allons produire. Qu'on partage ou non les opinions de l'honorable M. Nefftzer, rédacteur en chef du *Temps*, on ne le soupçonnera point d'avoir le moindre goût pour la dépendance administrative. Voici pourtant, telle qu'il la raconte dans une lettre publiée au mois de mai dernier, l'obligation qui lui fut imposée, durant son passage au journal *la Presse*.

« Vers la fin de 1856, écrit-il, M. Émile de Girardin vendit *la Presse* à M. Millaud, banquier. M. Millaud témoigna le désir de s'entendre avec les écrivains dont M. de Girardin se séparait, et la volonté de ne point altérer la ligne politique du journal. Il voulut bien m'offrir de me transférer les fonctions de rédacteur en chef qu'il venait d'acquérir. Aux termes de la loi, il fallait l'agrément du gouvernement. A tort ou à raison, toutes les personnes qui se trouvèrent mêlées à cette négociation, se persuadèrent que l'autorisation ne serait jamais obtenue si préalablement je ne déposais entre les mains d'une personne haut placée ma démission en blanc des fonctions que j'allais remplir... Je réfléchis, je délibérai avec moi-même et je me dis que, si l'on tenait à être maître de ma position, c'était qu'on espérait sans doute par là se rendre maître de mes pensées et de ma volonté. Vis-à-vis de moi, c'était le plus faux de tous les calculs ; je résolus de le prouver, et il ne me déplût pas de montrer qu'on se trompe au moins quelquefois, lorsque tenant la position d'un homme, et pour dire encore plus, sa subsistance et celle de sa famille, on s'imagine aussi tenir son caractère et sa conscience. Je donnai la démission demandée, et je me conduisis comme si je ne l'avais pas donnée ; je restai libre quand on croyait m'avoir lié, et pendant l'année que j'ai passée dans ces conditions à *la Presse*, je puis me rendre le témoignage que je n'y ai rien écrit ni laissé écrire que ma conscience ne pût avouer et défendre. Je me disais que cela durerait tant que cela pourrait, et cela ne dura pas longtemps. Je fus bientôt trouvé incommode, et au bout d'une année à peine la personne haut placée proposait de mettre la rédaction en commun et de m'y adjoindre deux personnes... Je n'entrai pas même en discussion sur ces arrangements et je quittai le journal. »

La première épreuve du journal, c'est donc sa naissance ; elle n'est pas la seule. Une fois jeté dans l'arène, il est en butte à tous les périls, il a besoin de mesurer tous ses pas, et comme les endroits dangereux se déplacent et varient sans cesse, il ne peut jamais se flatter de les avoir évités. Il n'est pas sûr que l'erreur, dont il a été victime hier, ne devienne pas demain une vérité ; mais il a plus à craindre encore de se voir inquiété demain sur un sujet qu'il avait pu hier traiter en pleine liberté. Celui-ci est accusé d'avoir manqué à la Constitution, en sollicitant, pour les affaires de Pologne, un plébiscite que celui-là avait impunément réclamé pour les affaires d'Italie. Qui aurait cru que le guano touchait à la politique ? Une feuille a été avertie pour avoir méconnu les bienfaits de « cette substance dont les excellents effets, lorsqu'elle est de bonne qualité, ne sont pas contestables [1]. » Une autre [2] pour « sa persistance dans une polémique acrimonieuse contre les personnes » ; une autre [3] pour avoir émis « des insinuations malveillantes contre M. le maire » ; quelques-unes, pour s'être trompées de date : elles avaient avancé trop tôt des conseils, qui devaient, peu de jours après, trouver place au *Moniteur.* C'est l'histoire de la *Revue des Deux Mondes.* Elle reçoit un avertissement pour avoir soutenu la nécessité d'un changement dans le système financier : elle voit bientôt M. Fould embrasser sa thèse et devenir ministre. Un *communiqué* est envoyé au *Journal des Débats* pour rectifier l'éloge que cette feuille a publié sur les réformes de M. Fould. Le résultat de ce *communiqué* est de faire sortir du cabinet le ministre à qui il semblait donner raison et d'y maintenir, au contraire, celui dont il avait paru atténuer les mérites. Sur des terres si mouvantes, quel sera le point d'appui des journaux ? Quelle lumière les guidera dans ces obscurités ?

Il n'est pas besoin d'une révolution ministérielle pour amener ces variations dans les avertissements. Le même ministre suffit pour faire sentir aux journaux les inconvénients de l'humaine mobilité. Revenu tout fraîchement d'Angleterre, et possédé du désir de préparer son pays aux libertés britanniques, M. de Persigny, en arrivant au ministère de l'intérieur, prend la résolution de se garder des entraînements qui l'ont précédé : il comprend que les avertissements n'ont d'autorité qu'à la condition d'être sagement ménagés, et, reconnaissant le caractère exceptionnel de la législation sur la presse, il veut se tracer à lui-même les limites qu'elle ne lui impose pas. Il établit donc qu'il ne frappera que les articles attentatoires au principe du gouvernement et à la personne de l'Empereur. Que d'autres raisons, hélas ! ont motivé, sous ce ministère si bien intentionné, les rigueurs exercées contre les journaux ! Les *nouvelles données de mau-*

---

[1] *Journal de Loudéac,* 29 avril 1854.
[2] *Le Papillon* d'Agen, 24 mars 1854.
[3] *Le Mémorial bordelais,* 27 octobre 1854.

raise foi, l'accusation *d'avoir calomnié ou dénaturé la politique du gouvernement*, le *trouble jeté dans les consciences*, les *attaques violentes* et l'opposition *déloyale*, toutes ces imputations, qui, pour être véhémentes, n'en sont pas plus précises, ont trop souvent figuré dans les sentences administratives.

La législation sur la presse donne au gouvernement plus encore qu'elle ne lui promet ; elle semble ne lui accorder qu'un pouvoir répressif ; elle lui accorde, en outre, un droit préventif, et ce droit est d'autant plus redoutable qu'il s'exerce en secret. Supposez que les journaux ne dépendent que de la justice : tant qu'ils ne violeront pas la loi, ils n'auront rien à craindre, et si l'administration leur interdit de publier des nouvelles ou de traiter des questions sur lesquelles aucun texte n'a commandé le silence, ils sont parfaitement libres de lui désobéir. Il en est tout autrement, si l'administration, qui leur défend de parler, peut, à son gré, les avertir ou les supprimer ; leur indocilité, pour être licite, n'en sera pas moins châtiée, et le ministre sera dans la légalité en les punissant, comme ils y auront été euxmêmes en se refusant à ses avis.

Que ces sortes d'interdictions se produisent, c'est ce qu'on ne saurait contester. Pour n'en citer que quelques exemples, lorsque la lettre de M. le duc d'Aumale sur l'histoire de France fut publiée, les journaux reçurent, pendant quelques jours, défense d'annoncer non-seulement qu'elle avait paru, mais même qu'elle avait été saisie. Tout le monde sait qu'après la guerre d'Italie, il fut enjoint aux journaux de ne publier aucun mandement sur les affaires de Rome. « Toute infraction à cette mesure de paix publique, disait la note envoyée aux feuilles des départements, serait immédiatement suivie d'un avertissement. » Il n'est guère de journal qui ne reçoive, de temps en temps, pour un sujet ou pour un autre, de semblables communications. L'administration l'a parfois reconnu elle-même : c'est ainsi qu'un avertissement donné à *l'Union* [1], le 20 mars 1854, constate que ce journal *malgré des avertissements officieux, persévère,* etc. Enfin, dans un moment où les doléances contre l'Angleterre sont à l'ordre du jour, on ne lira pas sans intérêt l'avis qu'un journal de province recevait, en 1855, du secrétaire général de la préfecture : « M. le préfet a remarqué, dans votre numéro du dimanche, un article destiné à répondre à quelques plaisanteries du *Charivari.* Je me conforme à son ordre, en vous priant d'éviter, autant que possible, de parler de l'Angleterre et des Anglais à l'occasion des fêtes de Jeanne d'Arc...[2] »

---

[1] *De la Liberté de la presse*, par Léon Vinglain, p. 297.

[2] Lettre à M. Léon Lavedan, rédacteur en chef du *Moniteur du Loiret*, 10 avril 1855.

Ces pratiques de l'administration portent avec elles leurs conséquences. Bien qu'environnée de dangers sans nombre, la presse semble libre dans son inspiration : elle paraît, du moins, à l'abri de toute
censure. En réalité, quoi qu'en ait pu dire *le Moniteur*, la censure
préalable existe; non pas une censure régulière, quotidienne, publique, mais une censure intermittente, soudaine, occulte; non pas
une censure dirigée par un conseil dont les opinions diverses peuvent
se tempérer les unes les autres, mais une censure émanée de la volonté d'un homme ou des lumières de ses bureaux. Cet homme peut
interdire la publication de telle nouvelle, de tel procès, de telle discussion. Nous accordons qu'il n'abusera pas gravement de cette faculté; mais, de bonne foi, n'aura-t-il jamais une heure de colère ou
d'intolérance? L'histoire nous montre les plus grands des mortels
chancelant sous le vertige de la toute-puissance et y laissant presque
tous des actes qu'ils eussent voulu, plus tard, effacer au prix de leur
sang. Les ministres sont-ils assurés d'avoir plus d'empire sur eux-
mêmes? Ne s'en trouvera-t-il jamais un qui, ayant commis des fautes, ait intérêt à les cacher? Eh bien! du moment que, par un seul
mot, il sera libre de faire taire toutes les feuilles publiques; du moment que, protégé contre les bruits de la frontière par le droit de
retenir les journaux étrangers, il pourra s'envelopper dans le silence
universel, pense-t-on qu'il ne le fera point? Qui oserait dire non?
Mais que devient, dans de telles alternatives, l'indépendance des journaux?

On allègue que l'avertissement est une mesure de douceur. Il
évite au journal les rigueurs judiciaires, et, en relevant ses torts, il
ne lui impose, du moins, ni la prison ni l'amende. Ces ménage-
ments nous touchent peu : ils mettent en péril l'existence du journal autant que sa dignité. D'une part, on l'avertit pour lui éviter
une condamnation, et nul n'ignore qu'au bout de deux avertissements il y a, non pas une condamnation, mais la suspension prononcée, sans débats, par le ministre; d'autre part, on le prévient à
l'amiable pour lui éviter un avertissement; c'est-à-dire que, de
précaution en précaution, on arriverait à le réduire au néant:
comme un homme que l'on empêcherait charitablement de marcher de crainte qu'il ne vînt à tomber, ou à qui, voulant laisser l'entière liberté de sa parole, on commencerait par fermer la bouche
de peur qu'il ne dît une sottise.

Il y a plus : l'administration, dans la façon dont elle motive ses
avertissements, s'attribue les droits de la justice, et la tolérance
dont elle croit user, n'est, en réalité, qu'une aggravation. De sa propre autorité, un ministre inflige aux journaux des qualifications que
des magistrats ne pourraient leur donner qu'après une discussion pu-

blique et une mûre délibération. Ce ne sont pas là des qualifications sans portée, puisqu'un journal, deux fois averti, peut être supprimé ou suspendu. Il n'est pas nécessaire, d'ailleurs, qu'elles entraînent une peine, pour que des hommes bien nés y soient sensibles, et l'administration s'offenserait avec raison, si l'on dédaignait ses reproches comme des paroles insignifiantes. Nous avons vu pourtant, il y quelques mois, *le Sémaphore* déclaré par les tribunaux innocent des griefs que le ministère avait relevés contre lui. Si un particulier avait dirigé contre ce journal les imputations que le tribunal de Marseille et la cour d'Aix [1] ont successivement anéanties, il aurait pu être poursuivi et condamné comme diffamateur. Sera-t-il donc loisible à un fonctionnaire, si haut placé qu'il soit, de les employer à son gré? Et des avertissements, qu'il aura fondés sur des motifs reconnus erronés par l'autorité judiciaire, subsisteront-ils avec leurs conséquences terribles?

Souveraine dans l'application des mesures qu'elle prend contre la presse, l'administration l'est également dans le choix de l'époque à laquelle elle en use. Ceci n'est pas indifférent. Il y a certains sujets et certaines circonstances qui réclameraient, en faveur des journaux une tolérance plus grande : l'administration peut, s'il lui plaît, en faire le prétexte ou la date d'un redoublement de rigueurs. De ce nombre sont les débats législatifs et les élections.

On imaginerait difficilement — la *Gazette de France* en sait quelque chose — une situation plus délicate que celle d'un journal appelé à dire son avis sur les travaux des Chambres. Il est libre de les juger, mais il n'en peut donner de comptes rendus, et s'il n'a point trouvé le moyen d'apprécier une discussion, sans en parler, il n'a pas droit de se croire à l'abri d'un reproche. Vainement aura-t-il extrait du *Moniteur* les passages qu'il veut signaler à l'attention; vainement aura-t-il placé à la troisième page la version officielle des débats qu'il juge à la première; il reste encore à examiner s'il n'a pas donné dans l'un des deux excès prévus par M. Troplong, « l'abus de l'apothéose » ou « l'abus du dénigrement. » C'est à la pénétration administrative que ce discernement est confié. Nous ne savons si le Corps législatif se sent l'objet d'une protection suffisante : toujours est-il qu'on commence à ne plus compter les aver-

[1] Nous devons dire que l'arrêt de la Cour d'Aix vient d'être réformé par la Cour de Nîmes, qui, sur le renvoi de la Cour de Cassation, a condamné *le Sémaphore* à 25 fr. d'amende. Mais l'exemple que nous posons ici peut se reproduire, et, d'ailleurs, sans insister sur la légèreté très-significative de la peine prononcée par la Cour de Nîmes, il demeure avéré qu'il aura fallu les délibérations successives d'un tribunal et de trois cours pour arriver à ces qualifications qu'un ministre a pu employer d'un trait de plume.

tissements inspirés par le souci de sa dignité. Il faut, du reste, que les journaux de l'opposition aient une tendance bien marquée à dépasser la mesure ; car, si l'on considère les feuilles officieuses, on ne voit pas qu'aucune d'elles ait encore mérité, soit en attaquant un orateur de la minorité, soit en célébrant un orateur du gouvernement, le reproche d'exagération dans « le dénigrement » ou dans « l'apothéose. »

Nous avons parlé des élections. Si jamais la liberté est nécessaire à la presse, c'est bien à cette époque où tous les citoyens vont faire acte de souveraineté. L'esprit de la loi veut qu'à ce moment les barrières soient retirées, et que toutes les opinions aient un champ vaste et sûr pour paraître devant le pays.

Les derniers scrutins nous ont offert un autre spectacle. Chacun se rappelle les prohibitions et les sévérités qui furent alors prodiguées aux journaux : une note préventive leur interdisant tout à coup de nommer *indépendants* les candidats de l'opposition ; le *Journal de Rennes* suspendu, le *Journal des Débats*, l'*Union de l'Ouest*, l'*Écho du Nord*, la *Foi bretonne*, avertis; la *Gironde* engagée avec la préfecture dans une polémique où son interlocuteur lui déclare qu'il se réserve de voir, après la lutte électorale, ce qu'il lui conviendra de faire en présence de ses inqualifiables agressions, conclusion qui arrête court le rédacteur de cette feuille ; les journaux de province recevant défense, comme à Toulon, de publier les lettres des candidats non patronnés ; à Cambrai, le commissaire de police revendiquant sur les articles un droit d'examen préalable ; à Caen, à Arras, à Bordeaux, les imprimeurs inquiétés ou mis en disgrâce pour avoir prêté leurs presses aux circulaires des opposants.

La condition des journaux de Paris est difficile ; mais elle l'est bien moins que celle des feuilles départementales. Privées des annonces, qui sont réservées aux journaux officieux, ces journaux, d'ailleurs, n'eussent-ils point d'abonnés; destinées à une clientèle restreinte dont une vigilante sollicitude ne doit point ignorer la composition ; menacées dans leurs imprimeurs comme dans leurs rédacteurs, n'ayant pas, pour les protéger, le retentissement de la capitale, et d'autant plus exposées que chacune d'elles concentre dans son isolement l'attention de la préfecture, elles connaissent moins qu'aucune autre la sécurité. On se fait une idée de leur existence lorsqu'on les voit passer sous silence des abus notoires, qui se produisent sous leurs yeux, mais qu'elles n'osent divulguer parce que le préfet, qui doit en être informé, ne les a point encore dénoncés. Nous n'inventons rien. Lorsque eut lieu, il y a deux ans, le procès de ce maire qui, à quelque distance de Niort, tenait depuis dix années sa commune sous le joug le plus révoltant, on s'est étonné que le journal du département n'ait pas révélé ces hontes. Dans une lettre adressée à M. Weiss, et publiée par le *Journal des Débats*[1], le rédacteur en chef du *Mémorial des Deux-Sèvres* a donné le secret de ce silence : « Il y a longtemps, écrivait-il, que nous avions connaissance de la plupart de ces immoralités ; mais *l'intérêt de la conservation personnelle nous fermait la bouche* ; notre défiance à l'endroit des dispositions éventuelles de l'administration était d'autant plus mère de sûreté, qu'à juger d'après les apparences, nous étions excusables de croire que M. Plassiart, nommé par l'administration et maintenu par elle, était un de ces hommes qu'elle abritait avec le plus de soin sous son aile. »

Craintes exagérées ! dira-t-on, craintes offensantes ! Désarmez-vous donc de ce droit redoutable, et vous ne risquerez plus de les inspirer.

De deux choses l'une : ou la presse est une institution nécessaire et utile, ou elle est funeste et l'on peut s'en passer. Si on la juge funeste, la voie la plus courte et la plus franche serait de la supprimer ; si on la croit utile, si on reconnaît qu'elle est entrée dans les habitudes de notre société et qu'il n'y a point à l'en bannir, il ne reste qu'un soin à prendre : c'est de la rendre digne de sa mission. Dans son type idéal, la presse devrait servir à publier les vœux du pays, tout en l'éclairant, et à contrôler les actes du pouvoir, tout en défendant son autorité. Cet idéal, nous l'avouons, est difficile à réaliser, et, pour le remplir, les journaux n'auraient pas moins besoin d'être parfaits que les ministres pour ne donner jamais que de sages avertissements. La multiplicité des feuilles publiques, en découvrant les diverses faces de la vérité, peut contribuer à le produire.

Ce qui est certain, c'est qu'on n'y arrivera pas en mettant les journaux dans la main d'un pouvoir unique, quel qu'il soit. Leur dépendance ne fera pas leur sincérité.

Le gouvernement redouterait à bon droit l'intervention d'une assemblée qui prétendrait le protéger lui-même contre les journaux et qui voudrait, à ce titre, exercer sur eux un droit exclusif d'autorisation et de surveillance. Il aurait quelque raison de ne pas considérer comme les organes de l'opinion publique des feuilles ainsi suspendues aux décisions changeantes d'une majorité. Mais cette prétention, qu'il ne supporterait pas chez autrui, serait-il mieux fondé à l'élever pour son compte ? Pense-t-il qu'elle lui serait profitable ? Si le pays venait à supposer que les journaux ne sont pas libres dans leur attitude, s'il soupçonnait que le silence leur a été commandé sur tel point, sur tel autre le blâme interdit, quelle estime

----

[1] 20 décembre 1861.

ferait-il de leurs récits, de leurs éloges ou de leurs conseils ? Il chercherait sans doute dans leurs communications les vues secrètes du
pouvoir ; car on a toujours intérêt à connaître son sort, alors même
qu'on n'en dispose pas ; mais il ne songerait point à régler sur cette
lecture ses convictions ou ses jugements. Que serait-ce, s'il voyait
des journaux soutenir successivement les thèses les plus opposées,
accabler les vaincus qu'ils flattaient hier, exalter les vainqueurs qu'ils
avaient jadis accablés, et, dussent-ils se contredire vingt fois le jour,
se prêter indifféremment, comme ces pauvres êtres qui, sur un signe
du maître, amusent de leurs grimaces les passants des rues, à toutes
les postures et à tous les langages ?

Ce n'est pas que nous réclamions pour la presse la liberté illimi-
tée ; nous ne demandons que le règne de la loi. Qu'elle soit rude, si
l'on y tient, mais qu'elle soit fixe : qu'elle soit pour l'autorité un
rempart, mais non une arme ; pour la presse un frein, jamais un
piége. Le rapporteur d'une des élections d'Ille-et-Vilaine, parlant de
la mesure qui, à la veille du scrutin, avait suspendu le *Journal de
Rennes*, disait naguère au Corps législatif : « Qu'elle fût ou non cal-
culée, il ne nous appartient pas de blâmer cette mesure, et nous
n'avons pas besoin de soutenir son opportunité, *du moment qu'elle
procédait d'un droit.* » Il n'est pas douteux, en effet, qu'elle rentrait
dans le droit du gouvernement : ce qui ne l'est pas davantage, c'est
que, si demain le gouvernement supprimait d'un seul coup tous les
journaux, l'honorable rapporteur n'aurait pas autre chose à faire que
de répéter ses propres paroles : le Corps législatif, comme un inter-
rupteur le disait dernièrement à M. Jules Simon, pourrait avertir le
gouvernement ; mais le gouvernement n'en serait pas moins fondé à
lui opposer son droit.

Telle est la législation.

Irons-nous reprocher au gouvernement d'avoir trop rigoureuse-
ment exercé les pouvoirs qu'elle lui confère ? Loin de nous cette pensée ! Il n'est personne, nous le lui accordons sans peine, qui, investi
de semblables priviléges, résisterait à la tentation d'un user. Mais, si
grande que soit sa modération, qu'il veuille bien, à son tour, nous
permettre de ne pas voir en elle une garantie suffisante pour la sécurité de la presse. Eh quoi ! la magistrature se croirait-elle inamovible, si le gouvernement, en revendiquant sur elle un droit de révocation, lui promettait de ne jamais l'exercer que pour des motifs
d'ordre public ? L'armée jugerait-elle indifférent que le ministre de
la guerre prétendît remplacer par la certitude de ses bonnes intentions les prescriptions de la loi relative à l'avancement ? Les familles
se sentiraient-elles en repos si, comme en Pologne, le pouvoir se réservait le soin de désigner, dans sa justice, les jeunes gens appelés à

former le contingent annuel? Sur toutes ces matières, cependant, le gouvernement pourrait faire valoir ses lumières, sa droiture, son patriotisme. Il le reconnaît lui-même, ces protestations, si fondées qu'elles fussent, ne suffiraient pas à la société. Comment donc exigerait-il que la liberté politique s'en déclarât satisfaite? Comment des objections, qui dans toute autre sphère sont trouvées légitimes, seraient-elles tout à coup devenues des offenses? Comment la presse serait-elle obligée de témoigner plus de confiance que la magistrature?

VII

C'est précisément de la magistrature que nous avons maintenant à nous occuper. Elle représente l'un de ces trois pouvoirs dont la division est le principe nécessaire des États modernes ; il s'agit d'examiner dans quelle mesure elle est demeurée distincte du pouvoir exécutif.

L'existence de le magistrature est en elle-même une protestation contre l'arbitraire. Les juges ne sont pas plus sujets que les autres hommes à l'erreur et à l'ignorance : la gravité de leur mission, leur connaissance approfondie de la loi, l'expérience des misères sociales, seraient plutôt faites pour les élever au-dessus de leurs semblables et pour leur créer une vertu supérieure aux tentations vulgaires. Cependant le législateur ne s'est point reposé sur leur discernement du soin de punir les coupables. Il a prévu les iniquités que pourraient entraîner la peur ou l'ambition, la colère ou la complaisance. Il a enchaîné les magistrats à la loi ; il a déterminé les circonstances auxquelles devraient être subordonnés leurs jugements, et comprenant qu'il serait lui-même capable, en un jour de passion, d'attenter à leur conscience par ses promesses ou par ses menaces, il les a ceints, comme d'une armure impénétrable, de l'inamovibilité. Voilà, ce semble, autant de précautions contre l'arbitraire, autant de garanties pour l'indépendance.

Et pourtant, un homme qui a laissé un grand nom dans la magistrature, qui est parvenu à l'un des postes les plus élevés de la cour suprême, a fait entendre contre l'organisation de la justice française les plus sévères reproches. En un temps où la Charte assurait la liberté politique, où la presse, bientôt protégée par la loi de 1819, promettait une satisfaction à tous les vœux et une censure à tous les abus, il traçait les lignes suivantes au début d'un ouvrage consacré à *la justice criminelle en France* : « L'auteur de ce livre, ayant le bonheur de vivre sous un gouvernement représentatif, et par conséquent dans un État libre, a cru pouvoir écrire avec liberté sur les institutions judiciaires de son pays. Il a trouvé qu'elles étaient incompatibles avec la monarchie constitutionnelle, et il l'a dit. D'une autre part, il lui a paru que le fait de l'homme, les doctrines des tribunaux et des magistrats étaient venus s'ajouter aux vices de ces institutions, et il a signalé ce que ces doctrines avaient de faux. »

Nous ne saurions mieux faire que d'invoquer ces réflexions et de nous abriter derrière l'autorité de celui qui les a écrites. Si les plaintes que M. Bérenger élevait en 1818 étaient fondées et si elles n'ont pas encore cessé de l'être, nous avons le droit de les renouveler, aujourd'hui que les tempéraments qui existaient alors se sont affaiblis ; nous avons le droit de nous demander si les dispositions dont il signalait le péril n'empruntent pas à l'heure présente une gravité plus redoutable.

Dès 1818, M. Bérenger montrait dans l'organisation de la magistrature un danger pour le principe de la division des pouvoirs ; dès 1818, il faisait voir la place que l'arbitraire s'était réservée dans la constitution de ce grand corps.

La magistrature est inamovible ; voilà la garantie. Mais si le gouvernement ne peut révoquer les juges, il les nomme, il les élève ; voilà le danger. Il n'est pas maître de les faire descendre, mais il est maître de les faire monter. Or l'attrait d'un avancement n'exerce pas moins d'empire que la crainte d'une destitution. Dans de telles conditions, l'indépendance est-elle entière ? La division des pouvoirs est-elle complète ? Nous avons, dans une autre étude [1], hasardé un doute sur cette question. M. Bérenger y répond en termes tout autrement formels que ceux dont nous oserions nous servir : « L'inamovibilité, longtemps refusée aux magistrats, leur a été garantie, dit-il, et maintenant, leur sort étant assuré, ils n'ont sous ce point de vue rien à craindre. Mais ils ont tout à espérer... Cette amorce assurera donc toujours leur docilité au gouvernement. »

Nous effaçons, quant à nous, le mot *toujours*, que démentiraient au besoin, de fermes caractères. Mais comment ne signalerions-nous pas un péril éventuel là où le savant jurisconsulte voyait un malheur inévitable ?

Ce malheur, M. Bérenger faisait remarquer que la magistrature

[1] *Royer-Collard.* Voir *le Correspondant* du 25 mai 1863.

de l'ancienne monarchie ne l'avait pas connu. Par un abus qui avait
du moins l'avantage de favoriser l'indépendance, les magistrats ache-
taient leurs charges et n'avaient à solliciter que l'agrément de la
compagnie dans laquelle ils désiraient entrer. Ils ne pouvaient être
révoqués, et la distinction des classes assignant à chacun des places
déterminées, ils se trouvaient, par une loi qu'il s'agirait, non pas
de rétablir, mais de remplacer, délivrés de soucis d'avancement contraires à leur dignité : « Pour parvenir aux fonctions de la magistrature, dit encore M. Bérenger, un candidat n'avait pas besoin de
mendier la faveur d'un ministre et de l'acheter par son dévouement. » Il proposait, comme un remède à cet inconvénient, la pré-
sentation des magistrats par les compagnies. Il craignait dans les
jeunes candidats une trop grande préoccupation de complaire au
premier président et au procureur général. « En les mettant dans le
cas de devoir leur avancement à leur souplesse, continuait-il, on les
façonne à la servitude, et de bonne heure on amollit en eux ce courage, cette fermeté d'âme qui deviennent nécessaires dans toute carrière publique. »

Ce langage, nous le répétons, se tenait en 1818. C'est assez dire que
les griefs dont il porte l'expression ne sauraient retomber sur le régime
actuel. Les choses n'ont pas changé depuis ce temps-là, et nous n'avons
pas de motifs de croire l'homme meilleur aujourd'hui qu'il y a quarante
ans. Ce n'est pas seulement au caractère que tient l'indépendance,
c'est encore aux institutions. Il y a dans l'ordre politique une tempé-
rature qui lui est favorable, comme il y en a une qui lui est contraire.
Lorsque la publicité ne relevait que de la loi, l'inamovibilité pouvait
sembler une garantie suffisante, bien qu'elle ne parût pas telle à
M. Bérenger. Le magistrat trouvait dans la libre expression du sentiment général un appui en même temps qu'une entrave ; il tenait
compte, sans s'y asservir, de l'opinion du pays ; il savait que, si quelque coupable ambition l'égarait, le cri de la société s'élèverait contre
sa lâche condescendance et la tromperait elle-même, en faisant reculer
la récompense que le pouvoir avancerait vers lui.

L'indépendance est moins assurée quand la publicité est moins
libre. Moins secondé par l'opinion, le juge est moins contenu par elle.
Il n'a devant les yeux que le pouvoir ; il ne dépend que de lui ; il sait
qu'entre ses mains réside son avancement ; il est naturel qu'il en garde
souvenir, et que, pour conquérir la situation qu'il ambitionne, il
veille à ne pas mécontenter celui qui en dispose. Loin de nous de
dire qu'il se résoudrait à l'acheter par quelque honte ! Loin de nous de
prétendre que le premier soin du ministre ne soit pas de constater
dans les candidats la capacité judiciaire ! Mais il serait difficile d'assurer que la politique n'ait aucune part dans ses décisions et qu'un

excès de zèle n'ait quelquefois chance d'être mieux accueilli qu'un excès d'indépendance.

Où n'a-t-on pas le droit de redouter l'intervention de la politique, depuis qu'elle a été jusqu'à interdire à des magistrats de rendre visite à tel évêque? Nous admirons le premier président qui a refusé de se soumettre à cette injonction ; nous admirons ces juges qui, en tant de circonstances, ont honoré leur mission par leur belle attitude, et il y a dans nos corps judiciaires certains hommes que nous aimerions à nommer ici comme les dignes successeurs de notre vieille magistrature. Mais l'hommage que nous leur rendons n'est si grand que parce qu'ils rencontrent plus d'obstacles à vaincre, et, dans notre pensée, les institutions devraient écarter du magistrat tout ce qui apporterait la moindre entrave à son indépendance.

Tel n'a pas été, nous le craignons, l'effet du décret du 1er mars 1852, qui fixe de plein droit l'époque de la retraite à l'âge de soixante-quinze ans pour les membres de la Cour de cassation, et à l'âge de soixante-dix ans pour les membres des Cours impériales et des tribunaux. En rendant les mutations plus fréquentes et en permettant de les prévoir à jour déterminé, il a offert un nouvel aliment aux ambitions déjà trop excitées. Nous aimons, en ces délicates matières, à nous effacer derrière des autorités imposantes. On a entendu tout à l'heure un président de la Cour de cassation : qu'on écoute maintenant un membre du Sénat. Rapporteur d'une pétition qui demandait l'abrogation du décret du 1er mars, M. le comte de Casabianca exposait d'abord qu'en dix ans ce décret avait eu pour résultat d'enlever à la Cour de cassation son premier président, trois présidents de chambre et vingt-quatre conseillers sur soixante-cinq ; aux Cours impériales, dix-sept premiers présidents sur vingt-sept et trois cent trente-quatre conseillers sur six cent trente-trois. A cette statistique expressive il ajoutait ces graves déclarations : « ... D'un autre côté un changement s'est opéré dans les habitudes de la magistrature. Autrefois le juge se fixait au lieu où il exerçait ses fonctions ; il ne désirait pas de changement; il n'aspirait pas à l'avancement ou du moins il ne le sollicitait jamais... Depuis le 1er mars 1852 les vacances se sont multipliées à ce point qu'il est devenu difficile de pourvoir aux positions élevées, et cependant il s'est produit des rivalités, des luttes, des compétitions, dans lesquelles le magistrat perd quelque chose de sa dignité et de son indépendance [1]. »

[1] Séance du 30 juin 1862.

VIII

Si le magistrat n'est point à l'abri du pouvoir arbitraire, il en est investi lui-même, comme par une sorte de revanche, dans l'exercice de ses fonctions. Ce droit discrétionnaire, qui sur trop de points est accordé au président des assises, accompagne le juge dans le cours presque entier de l'instruction ; on ne s'étonnera pas qu'il produise en cette matière quelques-uns des effets qui lui sont naturels.

En principe, la liberté individuelle est garantie. Nul ne peut être arrêté qu'à certaines conditions et sur l'ordre de certains agents ; nul, ayant été mis en arrestation, ne doit y rester plus de vingt-quatre heures, sans avoir été interrogé. Que voit-on dans la pratique ? Qu'a-t-on vu, par exemple, l'année dernière ? Des citoyens se sont plaints d'arrestations illégales ou imméritées, celui-ci pour une erreur de nom, celui-là pour des griefs mal vérifiés, un troisième par suite d'une consigne qui commandait aux soldats des différents postes de Paris, appelés pour opérer une arrestation, de ramener toujours quelqu'un, le plaignant ou l'inculpé. Voilà des faits extraordinaires, dira-t-on. Comment sont-ils survenus? C'est que nul recours n'est ouvert contre leurs auteurs. C'est que nulle sanction n'assure l'exécution de la loi.

Il n'y a que le juge d'instruction qui puisse, en toutes circonstances, décerner un mandat d'amener ; mais, lorsqu'un particulier sollicite une arrestation pour un acte commis dans sa maison ou lorsqu'il y a flagrant délit et que le délit est susceptible d'une peine afflictive et infamante, le droit du juge d'instruction s'étend au procureur impérial, à ses substituts et à ses auxiliaires, c'est-à-dire aux juges de paix, aux officiers de gendarmerie, aux commissaires de police, aux préfets, au préfet de police, aux maires, aux gardes champêtres. A passer par tant de mains, la liberté individuelle court bien quelque risque, et la définition que la loi a donnée du cas de *flagrant délit* est tellement large d'ailleurs qu'elle offre maints prétextes à l'intervention de ces différents fonctionnaires. Quant au mandat d'amener, sa teneur est des plus simples : il n'est besoin d'y indiquer ni le fait incriminé ni le texte de la loi, il suffit qu'on y trouve avec le nom de celui qui en est l'objet la signature et le sceau de celui qui l'a décerné.

Une fois interrogé, l'accusé est retenu en prison, soit au secret, soit confondu, lui qui peut-être sortira innocent, avec des malfaiteurs. Il attend ainsi la fin de l'instruction : elle est souvent longue. Des attributions immenses sont conférées au juge qui la poursuit : il constitue, à lui seul, un tribunal, et un tribunal sans publicité. L'accusé et les témoins paraissent isolément en sa présence. Dans l'honnête rigidité de sa conscience, le juge a cru l'accusé coupable. Ne sera-t-il point prévenu, même malgré lui, contre le témoin qui contredirait à sa scrupuleuse persuasion ? Celui-ci est vite intimidé ; c'est, je suppose, un villageois tout embarrassé de sa personne, une femme effarée et peu précise dans ses réponses : il s'effraye, il hésite, il balbutie. Le juge prend cet embarras, qu'il a involontairement provoqué, pour un aveu ; il presse le témoin ; le témoin achève de se troubler, le juge de se convaincre. C'est le juge qui rédige ensuite la déposition ; si le témoin y reconnaît quelque inexactitude, aura-t-il toujours l'énergie de la faire rectifier ? Ne craindra-t-il pas d'aigrir le magistrat contre l'accusé, ou de détourner les soupçons sur lui-même ?

Au temps où M. Bérenger signalait ces périls, une garantie existait que depuis nous avons perdue. La procédure était revue par la chambre du conseil, à qui revenait le soin de rendre l'ordonnance de renvoi : la délibération de cette chambre ne suffisait pas cependant à rassurer M. Bérenger. Aujourd'hui cette chambre est supprimée. L'accusé est seul en face du juge ; le juge seul en face du ministère public. Il est subordonné au procureur impérial ; il sollicite de lui ses congés ; il le tient pour son chef, et c'est sur les conclusions de ce chef qu'il doit se prononcer. Nous n'ajouterons pas avec M. Bérenger qu'aux magistrats désignés pour remplir cet important office on demande d'ordinaire l'activité et la vigueur plus que la prudence et la maturité. C'est assez qu'ils soient hommes, par conséquent faillibles ; c'est assez qu'ils puissent être passionnés, opiniâtres, faibles, ambitieux. Bien qu'inamovibles, ils se trouvent rattachés au gouvernement par une certaine dépendance, et ils lisent ses intentions dans le réquisitoire du procureur impérial. A ce titre, le vote anonyme des trois membres de la chambre du conseil nous paraissait préférable à l'ordonnance que signe le juge d'instruction seul. Tout ce qu'on enlève à la responsabilité du magistrat vis-à-vis du pouvoir, on le donne à son indépendance. On retire, au contraire, à son indépendance tout ce qu'on ajoute à sa responsabilité.

Enfin l'ordonnance est rendue : le prévenu ou l'accusé, suivant le caractère du délit, va passer devant le tribunal correctionnel ou devant la Cour d'assises. Le pouvoir discrétionnaire est le privilège du président de la Cour : il trouve du moins un frein dans la publicité des débats. Grand et redoutable ministère ! Impartial entre l'accusation et la défense, voyant dans l'accusé un homme que la magistrature du pays poursuit, mais n'oubliant pas qu'il peut être innocent et que jusqu'à l'heure du jugement il doit être présumé tel, rassemblant, avec une égale sollicitude les témoignages qui le favorisent et ceux qui le condamnent, et se gardant bien de montrer pour ceux-ci plus de faveur que pour ceux-là, d'atténuer les uns ou d'insister sur les autres, sévère contre le mensonge, de quelque source qu'il émane, mais plein de bienveillance pour la sincérité, quelques déclarations qu'elle ait inspirées, résumant enfin dans un tableau fidèle l'ensemble des débats et s'efforçant d'émouvoir la conscience du jury, sans montrer à ses regards d'autre objet que la vérité, le président représente en ce moment l'image vivante de la justice. Rien n'est plus élevé, rien n'est plus auguste que la mission dont il est chargé, et, grâce à Dieu, les magistrats qui savent la remplir ne sont pas rares dans notre patrie.

Mais plus est haute cette mission, plus on est frappé des imperfections qui se rencontrent dans son accomplissement ; elles ont d'autant plus d'occasions de se manifester qu'elles naissent souvent d'une haine plus vive du crime. Le président, qui d'ordinaire sort des rangs du ministère public, connaît à fond l'humanité ; il a pénétré les plis et les replis des consciences ; il sait quels masques emprunte le mal, et ces apparences, qui imposent à l'humeur superficielle de la foule, ne trompent pas sa longue expérience. Si autorisée qu'elle soit, elle ne doit jamais l'entraîner à des partialités qui, fussent-elles profitables dans une circonstance isolée au triomphe de la justice, en ravaleraient dans les âmes l'idée générale. Il faut pratiquer justement la justice ; nul, après le prêtre, n'est plus tenu que le magistrat de se dire que la fin ne légitime pas les moyens.

On se rappelle le drame lamentable qui se déroulait, il y a un an, devant un jury français : une femme enceinte avait été soumise à cet affreux supplice du secret qu'a décrit M. Bérenger ; pour obtenir un changement qui sauvât son enfant, elle s'était réduite à confesser un crime qu'elle n'avait pas commis. J'entends encore un honnête et judicieux esprit me disant : « Si vous saviez combien la plupart de ces gens méritent peu d'intérêt ! » Comme si l'indignité du sujet excusait l'indignité des procédés ! Une enquête fut ordonnée par le ministre de l'intérieur pour vérifier les faits que cette femme avait attestés : elle se termina par la destitution du gardien-chef de la prison. On l'avait donc reconnu coupable. Qu'on lise pourtant les débats de cette affaire ; on verra le président et le procureur général attentifs à prouver que le récit de la femme est faux ou exagéré, et, loin d'exprimer un regret du traitement infligé à cette malheureuse, le ministère public trouvant encore la force de se rabattre sur ses

intentions, et de lui reprocher « la gestation d'un crime » dont elle
était innocente.

Citons un autre exemple de cette tendance à subordonner, dans les
vues d'ailleurs les plus consciencieuses, les procédés au but. Il y a
quelques mois, le président d'une Cour d'assises expliquait à l'avocat
d'un homme, accusé d'assassinat, les moyens qu'il avait employés
pour obtenir une déposition contraire à l'inculpé : « Je puis satisfaire
la défense, disait-il, et C..., qui est chasseur, comprendra mon expli-
cation. Quand un chasseur cherche du gibier, il bat sur tous les buissons; j'ai battu les buissons, et G... est venu à moi : c'est une action
de la Providence. »

Nous ne saurions rendre l'émotion douloureuse que cette assimilation nous a causée. Non, le magistrat n'est point un chasseur à qui
toutes armes sont bonnes pourvu qu'il atteigne sa proie; non, la justice ne doit pas professer cette indifférence pour les moyens; autrement elle verrait comparaître à sa barre des hommes qui, pour des
fins criminelles, s'autoriseraient de ses exemples. A l'époque où
ces paroles étaient prononcées, les journaux publiaient la déclaration
d'un magistrat anglais qui engageait les jurés à ne pas s'arrêter aux
aveux d'un coupable, parce que la police, avant de les provoquer,
avait omis de prévenir (*to caution*) l'accusé de leurs conséquences.
« Le jury, disait le magistrat, ne doit pas tenir compte de preuves
ainsi obtenues; car il n'est pas dans la coutume anglaise d'obtenir
des témoignages par toutes sortes de moyens. »

On ne nous persuadera pas que la coutume française autorise davantage de pareilles maximes; mais il faut avouer que l'arbitraire les
porte avec lui.

IX

Qu'on ne cherche pas dans nos paroles une pensée de défiance
envers la magistrature! A ceux qui nous l'imputeraient notre réponse
serait trop facile. Nous leur demanderions pourquoi cette magistrature, qui, sur quelques points, est revêtue d'un si grand pouvoir, a
vu sur d'autres objets ses attributions diminuées ou envahies par
l'administration. Ce n'est pas seulement au jury qu'a été retiré l'examen des délits de presse; l'administration ne l'a maintenu aux tri-

bunaux qu'en le partageant avec eux, sans se soumettre elle-même aux formalités qui leur sont imposées. Une circulaire ministérielle [1] a fait plus : à côté de la saisie judiciaire qui ne peut retenir un écrit qu'à la condition de le soumettre à un procès public, elle a institué, pour certaines catégories de livres, la saisie administrative qui, sans aucune intervention de la magistrature, les arrête d'autorité.

Parlerons-nous enfin de cette loi dont le terme est heureusement prochain, mais dont les applications ne sauraient s'apprécier, puisqu'elles se font sans procédure, sans jugement, sans publicité? Un homme a commis par la voie de la presse un des délits qu'a prévus la loi du 27 juillet 1849; le délit est prouvé. Le tribunal prononce la peine que la loi a déterminée. Mais voici que derrière les magistrats intervient l'administration, pouvant ajouter à l'emprisonnement pour trois mois la déportation pour dix ans. Le juge est placé de la sorte en face d'une loi qui demeure en dehors de ses résolutions et qui ne s'appliquera pourtant qu'en vertu de son arrêt. S'il déclare le prévenu innocent, il le soustrait aux conséquences de cette loi ; mais il manque à la vérité. S'il le reconnaît coupable, il respecte la vérité, mais il le livre à une pénalité qui dépasse à ses yeux la mesure de la justice. Le pouvoir exécutif apparaît donc jusque dans les sentences judiciaires pour y exercer non plus seulement le droit de grâce, qui était sa plus belle prérogative, mais encore le droit d'aggravation.

Le lecteur a pu suivre l'administration dans ses rapports avec les électeurs, avec le Corps législatif, avec la presse et l'ordre judiciaire. Il est désormais en mesure d'apprécier la manière dont le principe de la séparation des pouvoirs, proclamé par la Constitution, est appliqué en France.

[1] 18 mai 1861.

X

Nous voici en face du pouvoir exécutif. Ce sont ses attributions personnelles qu'il nous reste à considérer.

Elles n'eussent été l'objet d'aucun changement, qu'elles se trouveraient agrandies par le seul effet des restrictions apportées à l'exercice des autres pouvoirs. Supposez par exemple que le régime dont la presse subit aujourd'hui la rigueur soit appliqué par des ministres responsables; il conserverait sans doute une portée redoutable, et le caractère exceptionnel qui le distingue n'aurait point disparu : il n'en devrait pas moins dans la pratique un adoucissement sensible à la déférence obligée des ministres pour les représentants du pays. Supposez au contraire les prérogatives du Corps législatif encore amoindries, la dépendance de la magistrature encore aggravée, mais en même temps la presse investie d'une entière liberté. La confusion des pouvoirs offrirait assurément des dangers immenses; mais la faculté qu'auraient les journaux de dénoncer tous les abus gênerait singulièrement l'État dans sa toute-puissance. Dans l'une et l'autre hypothèse, il rencontrerait devant lui l'ennemie la plus incommode de l'arbitraire, la responsabilité.

Quittons ces chimères et rentrons dans les faits. La prépondérance du gouvernement n'entraîne pas sa responsabilité. Ses priviléges se sont élevés en même temps que diminuaient ceux des autres pouvoirs. Ce qu'ont perdu ceux-ci, ses propres agents l'ont gagné : il a exclusivement réservé aux charges officielles la mission que remplissaient naguère auprès du public de libres influences. Nous avons cité ces mots de l'Empereur : « Mon gouvernement manque de contrôle. » Il a dit depuis : « le contrôle incessant de l'administration [1]. » En rapprochant ces deux paroles, tombées de la même bouche, on a le résumé de la double révolution qui a modifié en sens contraire les pouvoirs indépendants et le pouvoir exécutif. Le contrôle n'a échappé,

---

[1] Lettre du 24 juin 1865 au ministre présidant le conseil d'État. *Moniteur* du 28 juin.

comme s'en plaint le chef de l'État, aux mains de la société que pour se réfugier, comme il s'en plaint également, dans les mains du gouvernement.

Il suffit, pour justifier ces réflexions, de jeter un regard sur la condition présente des libertés qui constituent, avec la représentation nationale et la presse, les principales garanties d'une nation civilisée.

XI

On a déjà quelque idée de la part qu'a eue l'enseignement dans les vicissitudes de la politique. La chaire de philosophie renversée, l'étude des lettres désorganisée par une réforme qu'un barbarisme a pu seul définir, les professeurs de tout ordre déchus de l'inamovibilité, tels ont été sur l'instruction publique les premiers effets du coup d'État. Il est si vrai que ces bouleversements étaient imputables à l'esprit de cette époque, qu'à peine favorisés d'un souffle plus libéral, nous constatons un effort pour les réparer. Le ministre actuel a honoré son avénement par le rétablissement de la chaire de philosophie et par l'annonce d'un retour aux saines méthodes. Il a rendu au professorat, qu'il a très-bien appelé une magistrature, une sécurité relative, en décidant qu'aucun de ses membres ne pourrait être révoqué sans l'avis préalable d'une commission spéciale. Nous n'en sommes pas encore aux garanties que la loi de 1850 assurait aux professeurs de l'enseignement supérieur ; le ministre n'est pas lié par l'avis de la commission. Il n'y en a pas moins un progrès accompli que nous saluons avec plaisir.

Bien d'autres atteintes ont été portées à la loi de 1850. Il se rencontre parfois des hommes pour attaquer cette loi, la plus libérale de notre temps, au nom de la liberté. Que ne songent-ils plutôt à revendiquer les prescriptions tutélaires dont on l'a dépouillée? Que ne songent-ils, par exemple, à demander que l'instituteur de la commune soit nommé, comme elle l'établissait, par le conseil municipal? On a décidé en 1852 qu'il serait nommé, d'abord par le recteur, ensuite par le préfet. On accordait du moins que cette nomination serait subordonnée à l'avis du conseil municipal ; mais il a été expliqué depuis, en réponse aux énergiques réclamations de M. l'archevêque de Rennes, que l'avis du conseil municipal, pour être indispensable, n'était pas obligatoire, et l'on a vu des préfets, pénétrés de cette vérité, provoquer les délibérations des conseils municipaux pour faire précisément le contraire de ce que les conseils municipaux leur avaient demandé.

L'innovation n'est pas sans importance. D'agent de la commune l'instituteur est devenu l'agent du pouvoir : on le lui fait assez sentir au jour des élections. Il en est de même du maire. Il tient de la loi de 1850 plusieurs attributions : il surveille l'instituteur; il dresse la liste des enfants admis gratuitement à l'école. Mais en 1850 il était l'élu de ses concitoyens; aujourd'hui il est nommé par le gouvernement. Cette seule différence change toute l'économie de la loi.

L'élection entrait aussi pour une grande part dans la composition des conseils de l'instruction publique; le coup d'État l'en a complétement bannie. Les membres du conseil supérieur, comme ceux des conseils académiques, sont tous désignés par le ministre. Chose remarquable ! c'étaient des hommes signalés par leurs tendances monarchiques qui avaient provoqué dans toutes les sphères de l'enseignement cette intervention de l'opinion publique, et c'est un régime fondé sur le suffrage universel qui l'a écartée pour ne laisser de place qu'à la direction de l'État.

La liberté d'association touche de près à la liberté d'enseignement. Il était difficile d'aggraver les lois qui la concernent. Elles ouvrent par tous côtés la voie à l'arbitraire. On en a largement profité depuis dix ans, et les législateurs de 1834 ont dû plus d'une fois réfléchir sur l'inconvénient de ces formules qui confondent dans la même rigueur les actes les plus inoffensifs et les tentatives les plus criminelles. Un ministre avait déclaré alors que la loi n'avait en vue que les associations constituées dans un but politique, et qu'on autoriserait toujours les réunions purement scientifiques : « quant à celles qui ne croiraient pas devoir demander l'autorisation, continuait-il, ou bien on la leur donnera d'office, ou bien on les laissera se livrer à leurs travaux sans s'en inquiéter. » Que les temps sont changés ! Demandez-le à l'abbé Bonaud. Il rassemblait, le soir, à Cavaillon, quelques amis pour faire de la musique après dîner. Rien de moins politique que ces réunions; on ne s'y occupait que d'harmonie. La commune les voyait avec plaisir; l'administration les avait sanctionnées elle-même, en faisant appel au talent des artistes pour les solennités municipales. Mais voici que dans leurs concerts elle avise tout à coup des réunions illicites. Poursuites immédiates contre l'abbé Bonaud et ses complices. Vainement le tribunal d'Avignon les déclare innocents. Contre une si ténébreuse entreprise l'État se doit d'épuiser toutes les juridictions, et il obtient en appel une condamnation.

La loi de 1834 avait formellement soustrait à ses prohibitions les simples réunions ; le décret du 25 mars 1852 les y a formellement soumises. En 1834, le garde des sceaux disait : « Nous ne faisons pas la loi contre les réunions accidentelles et temporaires qui auraient pour objet l'exercice d'un droit constitutionnel. » Il s'agissait évidemment dans sa pensée des réunions électorales. En 1863, ces réunions ont été interdites ; elles l'ont été de nouveau lors des élections du 20 mars.

Comment s'étonner de ces rigueurs, lorsqu'on les a vues envahir jusqu'aux paisibles régions de la charité? Une société que tous les gouvernements avaient respectée, qui, dans les plus mauvais jours, avait tranquillement continué l'accomplissement de sa mission, la Société de Saint-Vincent-de-Paul a été dissoute, sans qu'on pût établir contre elle aucune allégation. Elle était suspecte par cela seul qu'elle était indépendante.

Mais n'est-ce pas justement le trait de la charité de répudier tout caractère officiel ? Il faut laisser aux pouvoirs absolus l'illusion de croire que la vertu ou le génie relèvent de leur autorité ; on ne décrète pas plus un saint Vincent de Paul qu'un Corneille. Il n'y a point de dévouement là où il n'y a point d'initiative. Il ne reste que l'obéissance à une consigne, qu'on attend sans la devancer, qu'on exécute sans la dépasser. Vienne une catastrophe soudaine ; vienne un de ces fléaux qui demandent l'élan spontané d'une générosité héroïque ; on se regarde ; on hésite ; on attend un ordre ; on redoute une prohibition, et le mal poursuit ses ravages. Qui ne se souvient de la crise des ouvriers de Normandie ? Tandis qu'en Angleterre les journaux avaient parlé, les comités étaient formés, les souscriptions ouvertes, les secours distribués, nous en étions encore pour la plupart à ignorer la détresse d'une de nos plus grandes et de nos plus riches provinces. Ceux qui la connaissaient ne savaient comment s'y prendre pour la soulager. Dans un temps où l'initiative particulière courait tant de périls, qui oserait commencer? Dans un temps où divulguer les maux c'est s'exposer au reproche de les avoir créés, qui oserait rompre le silence? Dans un temps où les associations les plus bienfaisantes sont si souvent entravées, qui oserait réunir un comité? Dans un temps où le gouvernement se charge de tout, qui se croirait tenu d'agir?

A la fin, des voix courageuses se sont élevées. Le gouvernement y a répondu ; la France s'est émue ; elle a ouvert sa large main. Mais que de jours perdus ! que de misères accumulées ! que de lenteurs meurtrières ! Et cependant, à la même heure, *le Moniteur* enregistrait de longues listes de fonctionnaires venant, sur l'appel des ministres, des préfets, des sous-préfets, des autorités grandes et petites, souscrire pour la Société du Prince-Impérial. Faudra-t-il donc substituer désor-

mais aux libres entraînements de la charité les circulaires officielles,
et le tambour des municipalités au cri de la conscience publique?
Ah! c'est en présence de tels spectacles qu'on se prend à répéter
ces énergiques paroles : « Ne devons-nous pas rougir en songeant que
même l'Irlande, la malheureuse Irlande, jouit sous certains rapports
d'une plus grande liberté que la France de *Juillet*[1] ! Ici, par exemple,
vingt personnes ne peuvent se réunir sans l'autorisation de la police ;
tandis que dans la patrie d'O'Connell des milliers d'hommes se ras-
semblent, discutent leurs intérêts, menacent les fondements de l'empire britannique sans qu'un ministre ose violer la loi qui protége en
Angleterre le droit d'association[2]. »

XII

La liberté religieuse n'a pas moins souffert que les autres des variations politiques. La loi du 28 juillet 1849 sur les clubs ne compre-
nait pas dans ses dispositions les réunions relatives à l'exercice du
culte ; le décret du 25 mars 1852 les a au contraire ramenées sous
l'empire des articles 291, 292 et 294 du code pénal. Les communions
dissidentes, non plus que l'Église catholique, ne peuvent tenir aucune
assemblée sans l'autorisation du pouvoir. Dans un discours récent, qui
demeurera célèbre, un prélat, nouvellement élu cardinal, montrait la
France retrouvant après trois siècles la liberté de ses conciles[3]. Il est
certain en effet que la république a laissé aux conciles la même liberté
qu'à la Société de Saint-Vincent-de-Paul ; mais il ne l'est pas moins
— et l'éminent archevêque l'avait sans doute oublié — qu'une lettre
signée par sept de ses collègues a été, l'année dernière, assimilée à
un concile, et condamnée, à ce titre, par le conseil d'État. Il est également certain qu'en 1849 le Saint-Père a été ramené dans Rome par
nos troupes victorieuses, l'enseignement affranchi, l'existence des
congrégations respectée, et qu'à défaut de priviléges l'Église a eu la

---

[1] L'auteur écrivait en 1844 ; mais on ne prouverait pas aisément que la situation
s'est améliorée depuis ce temps-là.

[2] *Œuvres de Napoléon III* ; Plon et Amyot, 1856, t. II, p. 63.

[3] *Moniteur* du 15 janvier 1864.

liberté. Mais il ne l'est pas moins que, depuis 1852, le pape a perdu les trois quarts de ses États, la liberté d'enseignement un grand nombre de ses garanties, que la maison de la Sainte-Union de Douai, les rédemptoristes d'Hazebrouk, les dominicains d'Arcueil ont été, malgré le vœu des conseils municipaux ou les prescriptions de la loi, supprimés ou bannis, et que pour avoir paru l'objet d'une faveur plus compromettante qu'efficace, le clergé a vu se ranimer contre lui les pénalités de 1810.

Que dis-je? les pénalités de 1810. Elles ne pèchent certainement point par excès d'indulgence ; eh bien ! le croirait-on ? un prince de l'Église en a été réduit à se plaindre au Sénat, non pas de ce qu'on les avait remises en vigueur, mais de ce que, les ayant publiquement ressuscitées, on s'était dispensé de les appliquer pour leur substituer des sévérités arbitraires. Des préfets avaient appelé des ecclésiastiques dans leur cabinet, les avait réprimandés et, sans autre forme de procès, condamnés d'office à la suspension de leurs traitements. Bien entendu, comme on l'a doctement enseigné à monseigneur de Besançon, la mesure n'avait été prise que dans leur intérêt ; les préfets n'avaient fait que témoigner à leur égard cette sollicitude dont les journaux eux-mêmes ont tant de fois connu le bienfait : au clergé, comme à la presse, l'avertissement donné sans bruit, la suspension promptement décrétée, évitaient le scandale et les rigueurs d'un procès. Le vénérable cardinal aurait mieux aimé le procès : nous partageons sa préférence.

C'est la condition de nos libertés qu'on ne puisse les envisager sans qu'aussitôt l'arbitraire n'apparaisse. Elles reposent toutes, à quelque degré, sur l'autorisation préalable, et cette autorisation, que ne règle aucune condition, que ne surveille aucun contrôle, que ne commande aucune circonstance, livre leur sort à la discrétion du pouvoir. Elles n'existent pas en vertu d'un droit ; elles ne vivent, quand elles vivent, que par l'effet d'une tolérance. Le gouvernement est maître de les développer ou de les restreindre, de les tirer du néant ou de les y laisser. Il peut en accorder l'usage à qui il vient de le refuser, et le refuser à qui il vient de l'accorder. Il n'est lié ni par la loi, ni par ses propres décisions.

De là les destinées différentes d'actes semblables qui, réprimés sur un point comme des délits, sont encouragés, sur un autre, comme des services. De là le spectacle de faveurs et de rigueurs se succédant sur les mêmes têtes et, quoique profondément opposées entre elles, s'inspirant des mêmes principes. Ici le bureau d'un comice agricole est dissous parce qu'il a eu pour président un candidat non patroné et que, s'étant abstenu de le combattre, il est dès lors coupable de s'être mêlé de politique ; là un sénateur fait, au sein d'une réunion

à qui la politique est défendue, un discours où il ne parle que politique ; *le Moniteur* reproduit ses paroles et *le Constitutionnel* les ad-
plaudit. Ici des prêtres sont dénoncés, des évêques sont mis en accusation pour être sortis de leur ministère, en donnant des conseils aux
électeurs ; là des évêques sont comblés d'éloges pour avoir appuyé les
protégés du gouvernement, et un préfet envoie lui-même aux curés la
lettre que le chef du diocèse lui a écrite en faveur du candidat officiel[1].
Ici les conseils municipaux reçoivent défense de délibérer sur les élections ; là on les rassemble d'office pour leur enjoindre de s'en occuper[2]. On impose dans les lycées l'enseignement de l'histoire contemporaine, sous prétexte qu'il apaisera les passions ; on l'interdit dans
les conférences publiques sous prétexte qu'il les allumerait, et c'est
sans doute pour joindre le fait à la prévision que, dans une assemblée
populaire, un ministre jette lui-même en pâture aux passions de la
foule les mœurs de l'ancienne France. Qu'ajouter à ces contrastes ? On
supprime la Société de Saint-Vincent-de-Paul sur le vain soupçon de
ses tendances politiques, et on crée une société de bienfaisance dont
les principaux propagateurs sont des fonctionnaires essentiellement
politiques. Ce reproche de faire de la politique est l'arme dont on se
sert contre les institutions qu'on veut détruire ; leur véritable crime
est le plus souvent de n'en avoir pas fait. Ce n'est pas leur action qui
est coupable, c'est leur neutralité. On se flatte d'exclure de partout la
politique ; on arrive à la mettre partout ; pour ne pas supporter
d'adversaires, on ne se contente plus de trouver des citoyens, on veut
des agents.

[1] Voir la lettre de M. le préfet de Seine-et-Oise aux curés de la première circonscription. *Mémoire à l'appui de la protestation de M. Barthélemy Saint-Hilaire*,
p. 29.

[2] Voir entre autres, la protestation de M. de Kerdrel, relative aux élections de Fou-
gères et Vitré.

XIII

C'est au préfet qu'appartient le soin de les recruter. Où n'ira-t-il point les chercher? Il n'est pas de domaine qui lui soit fermé, pas de situation sur laquelle il n'ait prise. Il tient la presse sous ses rigueurs, les imprimeurs par leur brevet, l'enseignement par les instituteurs, le clergé lui-même par les droits qu'il s'arroge contre lui. On sait jusqu'où va son pouvoir sur les élections. Il forme à lui seul la réunion électorale du département. Il n'est pas jusqu'aux jurys agricoles sur lesquels il n'élève des prétentions; et, s'il faut en croire d'imposants témoignages, les différentes races admises aux concours auraient eu parfois, comme les volailles de Coulonges, leurs candidats officiels et leurs candidats disgraciés. Les droits de la vie privée n'échappent pas davantage à son action. Voulez-vous faire acte non pas de citoyen, mais de propriétaire, exploiter une mine, garder votre maison, établir une usine? Vous le rencontrez devant vous. Vous tombez sous sa loi.

Sans doute il a de son côté bien des soucis. Irresponsable envers les particuliers, il dépend d'un ministre qui, d'un mot, peut le destituer; et ce ministre lui-même, tout-puissant s'il regarde au-dessous de lui, n'a qu'à lever la tête pour apercevoir le fil auquel tient sa grandeur. Ce n'était pas seulement l'intérêt des citoyens qu'assurait la responsabilité ministérielle, c'était aussi l'intérêt des fonctionnaires. Ils trouvaient en elle, en même temps qu'un frein contre leurs propres excès, une protection contre les exigences immodérées de leurs chefs. Cette protection ne leur est plus accordée. Groupés les uns au dessus des autres, ils dépendent tous, grands et petits, d'une impulsion unique et souveraine; et M. de Persigny n'a rien exagéré lorsqu'il a montré à ses auditeurs de Saint-Étienne cette « hiérarchie administrative qui constitue à elle seule tout l'organisme politique de notre démocratie, et en dehors de laquelle il n'y a plus que des grains de sable sans cohésion, sans adhérence. »

Enlacés dans ce cercle, environnés de tous côtés par cette intervention exclusive du pouvoir, quel sera donc votre refuge, quel sera votre recours contre ses abus?

Vous adresserez-vous aux journaux? Ils dépendent de celui que vous voulez accuser. Votre plainte, d'ailleurs, une fois publiée, vous exposerait au péril d'une citation en justice; et là, devant les magistrats prêts à vous entendre, vous ne pourriez, la main pleine de preuves, en présenter aucune. A la différence de la loi de 1819, rendue en ces temps de la Restauration où M. Delangle ne se résigne pas à croire que nous ayons eu plus de liberté qu'aujourd'hui, le décret de 1852 protége le fonctionnaire, comme le simple particulier, contre vos imputations. Irez-vous, sans attendre qu'on vous y provoque, saisir directement les tribunaux de votre réclamation? Voici paraître l'article 75 de l'acte constitutionnel du 22 frimaire an VIII, qui vous défend de poursuivre un fonctionnaire sans l'autorisation du conseil d'Etat. Et qu'est-ce que le conseil d'État? Une assemblée de magistrats désignés par le pouvoir et révocables à son gré. Contre le gouvernement, vous n'avez d'autre abri que le gouvernement.

Reste, il est vrai, le Sénat. Cette assemblée présente, on ne saurait le méconnaître, de sérieuses garanties d'indépendance. Elle émane tout entière de la volonté souveraine, et si les membres qui la composent doivent former constitutionnellement les illustrations du pays, il n'y a pas cependant, comme pour les pairs de France, de conditions imposées à leur nomination. Mais ils sont inamovibles; ils sont pour la plupart arrivés à un âge où les feux de l'ambition commencent à s'amortir, et la position qui leur est assurée ne peut que contribuer elle-même à les éteindre. Ils n'ont rien à craindre, et ils ont peu à espérer.

Tous les citoyens ont le droit d'adresser au sénat des pétitions. C'est là une faculté précieuse; la publicité des débats, l'importance que leur donne le talent des orateurs, l'impulsion que les questions soulevées impriment à l'esprit public, en sont les premières conséquences. Nous n'avons garde de les dédaigner, et nous sommes d'avis qu'il n'est pas un seul droit dont on ne doive se servir, alors même qu'on en jugerait l'usage difficile ou insuffisant. Avouons-le toutefois, ce droit, pour être accessible à tous, n'en a pas moins ce caractère arbitraire que nous avons si souvent signalé. Tout le monde peut l'exercer; tout le monde a, comme on l'a dit avec emphase, le droit d'interpellation. Mais le droit d'envoyer une pétition au sénat ne donne pas celui de la lui faire lire, ni au sénat, s'il l'a lue, le droit de la faire prévaloir. Nous voyons cette assemblée discuter chaque semaine une multitude de requêtes; on ne nous tient pas toujours au courant des pétitions qu'elle ajourne. La pétition de M. de Montfleury a conquis, sous ce rapport, une véritable célébrité. De toutes celles que discute le sénat, il en est peu d'aussi importantes, puisqu'elle touche aux pouvoirs de M. le préfet de la Seine et à la question de savoir si une loi peut être valablement changée par un décret. Voilà près de trois ans que le sénat en a commencé et différé l'examen. Quel moyen M. de Montfleury aurait-il de la lui rappeler? Et qui nous assure que ces ajournements ne se renouvellent pas pour les demandes qui le comporteraient le moins?

Alors même que le sénat donne raison à une pétition, il ne peut que la renvoyer au ministre compétent ; rien n'oblige le ministre à s'y conformer ; rien ne détermine la mesure dans laquelle il en devra tenir compte, et M. le préfet de la Seine serait peut-être en état de citer une pétition qui, approuvée par le sénat, n'a pas été tout à fait appliquée par l'administration.

Les deux assemblées auxquelles les citoyens peuvent adresser leurs réclamations ou leurs pourvois sont donc placées dans cette condition, que l'une rend des arrêts, mais se trouve composée de membres révocables, et que l'autre est inamovible, mais ne rend pas d'arrêts.

XIV

L'arbitraire aurait pris moins de puissance dans l'État s'il eût trouvé dans la société moins de faveur. Ce n'est qu'en le bannissant de leur propre conduite que les citoyens arriveront à le faire sortir du gouvernement.

En principe, tout le monde est contre l'arbitraire ; en réalité, il est peu de personnes qui ne cherchent à le pratiquer. C'est un préjugé assez général que la politique est une sphère à part où la morale n'a rien à voir. Ce respect de la loi, que l'étranger considère avec étonnement en Angleterre et qui suffit à maintenir dans l'ordre des foules immenses, est en France à peu près inconnu. Il est rare que dans la vie quotidienne on ne tente d'en éluder les dispositions, et qu'avec une sincère horreur des priviléges d'autrui, on ne réclame pour soi-même le droit de se soustraire à la règle commune. A plus forte raison ne vient-il pas à l'esprit d'appliquer aux gouvernements les maximes qui doivent régir les particuliers.

« Tu n'entends rien à la politique, » disait Bonaparte à Joséphine, en réponse aux prières qu'elle lui adressait pour le salut du duc

d Enghien. Il semblait que devant ces deux mots la conscience n'eût plus qu'à se taire. A quelques années de. là, repassant dans sa mémoire le souvenir de ce grand crime, l'exilé de Sainte-Hélène épuisait encore les arguties pour l'excuser. Il prétendait dérober « l'homme public » aux obligations de « l'homme privé, » et formulait des distinctions misérables entre ce qu'il nommait le *droit commun* ou la *justice établie*, et le *droit naturel* ou les *écarts de la violence*.

Il n'est que trop vrai que ces sophismes sont entrés dans les mœurs. Ils y ont pénétré de tout temps : la souveraineté du peuple, en plaçant le droit dans le nombre, c'est-à-dire dans la force, ne contribuera point à les arrêter. On rencontre des âmes honnêtes qui rougiraient de proférer un mensonge ou de tremper dans une injustice ; dès que la politique est en jeu, leurs idées ont tout à coup changé. Le mépris de la foi jurée, la violation des lois, les proscriptions arbitraires, ne parviennent point à soulever leurs scrupules : elles laissent au seuil de ces régions leurs habitudes vertueuses : la cause qu'elles croient bonne est favorisée, ses adversaires sont abattus. C'en est assez pour les rassurer. Il n'y a que l'iniquité du but qui les porte à réfléchir sur la perversité des moyens.

Les révolutions successives qui ont passé sur notre pays y ont gravé plus profondément, comme nous l'avons déjà remarqué, ces déplorables tendances. Chacune d'elles, inaugurant une époque extraordinaire, a créé, dans des proportions d'ailleurs inégales, la nécessité de pratiques extraordinaires. Chacune d'elles a prétendu répondre à des abus exorbitants par des mesures exceptionnelles. Les torts qu'un régime avait contractés sont devenus pour le régime suivant un prétexte et une excuse. Comme tous les gouvernements ont eu des reproches à se faire, ils se sont prêté les uns aux autres une sorte d'absolution, et le même raisonnement s'est trouvé tour à tour sur les lèvres les plus diverses : « Pourquoi ne ferions-nous pas cela ? Le régime déchu se l'est bien permis. »

On reprochait naguère à l'administration les attaques effrénées qu'elle autorisait contre M. Thiers et les fonds qu'elle employait à soutenir ses propres candidats : aussitôt elle s'est défendue en alléguant l'exemple du gouvernement provisoire et les procédés des pouvoirs de ce temps-là contre l'illustre député. Comme si le gouvernement actuel avait pour mission d'imiter le gouvernement provisoire ! Comme si nous n'étions privés des libertés que celui-ci avait respectées que pour voir se reproduire les fautes qu'il avait commises ! S'élève-t-on contre les rigueurs qui ont ravi, lors du 2 décembre, des milliers de citoyens à leurs foyers [1] : on leur oppose les déportations également

----

[1] V. à ce sujet l'*Histoire de la République de* 1848 *et du rétablissement de l'Empire*, par M. Granier de Cassagnac, II, p. 138.

arbitraires qui ont suivi les luttes tout autrement terribles du mois
de juin 1848.

De semblables apologies se dressent à toutes les époques de l'histoire. Il suffit, pour les confondre, de rappeler qu'elles ont été l'inspiration des hommes de la Terreur, comme elles sont encore le principal argument de ses panégyristes. C'est au nom des excès de l'ancien
régime que les uns la disculpent et que les autres l'ont faite. On va
chercher dans la longue histoire de la monarchie les attentats qu'elle
a consommés ou laissés sans vengeance; on les isole de ses gloires;
on les rassemble, on les grossit et on les oppose fièrement aux mas-
sacres qui en quelques mois ont épouvanté et désolé la France. Mais,
puisque vous vous présentiez comme les réformateurs des abus, de-
viez-vous commencer par les surpasser? Et n'y avait-il dans nos an-
nales que la Saint-Barthélemy et les dragonnades, pour que votre
premier soin fût d'en renouveler le spectacle et d'en aggraver l'horreur?

Ainsi, par une leçon d'une moralité lugubre, l'arbitraire dans un
parti enfante l'arbitraire dans un autre parti. Les ennemis les plus
acharnés s'apportent réciproquement le tribut de leur complicité.
Les actions mauvaises ne se perdent pas plus que les bonnes; elles
subsistent, elles s'étendent, elles se reproduisent. Chaque attentat
public ouvre une source qui, longtemps cachée sous d'apparents
triomphes, va tôt ou tard jaillir dans le camp opposé, et c'est le châtiment de tous les despotismes de se voir imités et invoqués par
ceux-là mêmes qu'ils détestaient le plus.

Il y a du reste dans les événements qui se déroulent depuis
soixante-dix ans une complexité qui rend quelquefois malaisées
l'équité des appréciations et la justice des procédés. Dans les luttes
intestines, le difficile, comme on l'a dit, n'est pas de faire son devoir,
mais de le connaître; c'est aussi de conserver aux jugements que
l'on porte la mesure véritable. Savoir démêler dans une révolution,
soit qu'on la condamne, soit qu'on l'approuve, la part des bienfaits
et la part des iniquités; ne point confondre avec un principe odieuse-
ment attaqué des abus qu'il a pu couvrir, mais qui n'en dépendent
pas; distinguer au lendemain d'un grand bouleversement les crimes
qu'il faut éternellement maudire et les innovations qu'il convient de
respecter, voilà les questions que les vicissitudes modernes imposent
à notre conscience. Elles sont d'autant plus délicates que l'honneur
semble parfois les résoudre autrement que ne fait la raison.

Comment regarder les choses de sang-froid, comment maintenir
son esprit en un parfait équilibre, lorsqu'on se trouve emporté dans
l'ardeur de la lutte? Vous voyez une cause, à laquelle vous avez voué
votre vie, outragée par ses adversaires. Ils ne se contentent pas de la

combattre, ils la calomnient. Ils insultent à ses blessures; ils exagè-
rent ses torts; ils méconnaissent ses titres et ses droits. Vous vous
retournez aussitôt contre eux. Vous leur rendez leurs propres violences. Vous pensez, vous aussi, à les frapper bien plus qu'à les juger.
Vous niez leurs mérites; vous ne publiez que les vôtres. Vous flétris-
sez leurs iniquités; vous oubliez celles qui se sont produites à côté
de vous; vous les oubliez, quand vous n'allez pas jusqu'à les exalter.
Ce n'est plus la vérité qui vous guide, c'est la passion; ce n'est plus
la justice, c'est la vengeance.

S'il est un parti qui doive répudier ces tendances et apprendre
aux autres, par son exemple, à s'en défaire, c'est celui qu'une
circulaire ministérielle a appelé le *parti du gouvernement*. Les
élections de l'année dernière ont malheureusement laissé craindre
qu'il ne se fût pas suffisamment rendu compte de sa mission.
Jamais hommes ne furent plus durement traités que ne l'ont
été, je ne dis pas seulement ses adversaires, mais ceux-là même
qui, bien que dévoués à son triomphe, n'avaient pas eu l'agrément du pouvoir. Le langage de la démagogie, les invocations de
nos plus mauvais jours se sont retrouvés dans des feuilles publiquement patronées par l'administration, et cela pour écarter des
citoyens illustres qui, en des crises périlleuses, avaient défendu
la société, tandis que les futurs délateurs gardaient le silence ou ser-
vaient avec l'ennemi. En même temps on a vu surgir des candidats
jusqu'alors inconnus : on ne leur savait la veille aucun titre; le lendemain ils les avaient tous. Les populations ignoraient même leurs
noms : elles apprenaient soudain qu'elles n'avaient jamais pensé
qu'à les élire. L'administration avait en un instant opéré ces prodiges;
du même coup de baguette qui dépouillait ses adversaires elle avait
doté ses protégés; elle leur avait donné toutes les perfections. Quand
nous disons *donné*, c'est une façon de parler. *Prêté* serait plus juste;
car elle se réserve de les reprendre à ceux dont la conduite viendrait
à lui déplaire.

XV

Que cet esprit se rencontre à quelque degré dans toutes les opinions, nous ne songeons pas à le contester.

Il y a dans tous les partis des hommes qui le désavouent ; il y en a dans tous qui, animés, au milieu de leurs divergences mutuelles, d'un même sentiment d'équité, respectent d'autant plus les convictions d'autrui qu'ils tiennent davantage à faire respecter les leurs, n'entendent exclure personne des droits qu'ils réclament, désapprouvent l'injustice, quels qu'en soient les auteurs ou les victimes, partout où elle se produit, et revendiquent avec une égale ardeur la liberté, non pour en réserver le privilége à leur cause, mais pour en faire le patrimoine de tous les citoyens. Il s'avance, il s'étend, il s'accroît chaque jour le groupe de ceux qu'inspirent ces magnanimes tendances. Nous les saluons dans les camps divers où ils se trouvent ; partis de points opposés, ils marchent en définitive vers le même but. L'avenir, nous en sommes persuadés, appartient à leurs maximes, et la France, tôt ou tard, parlera leur langage. Ils ont, pour la gagner, un attrait puissant, l'honneur ; l'honneur, au nom duquel on rougirait de devoir ses avantages à l'oppression d'autrui ; l'honneur, qui ne s'accorde qu'avec les principes, et qui ne permet pas de traiter des droits inviolables comme des expédients de hasard, qu'on abandonne ou qu'on reprend tour à tour, suivant les temps et suivant les hommes.

Toutefois ces nobles vues sont loin de prévaloir, et notre pays, qui n'aura que par elles de fortune assurée, a beaucoup à faire pour s'en pénétrer. Essayons de décrire quelques-uns des obstacles qui s'élèvent contre leur triomphe.

Si l'on y regarde de près, les opinions politiques tiennent plutôt en France à des sentiments qu'à des idées, à des impressions qu'à des principes. On a des affections, des haines, des ambitions ; on les érige en lois. On met ses préventions en maximes et l'on se fait des théories avec ses rancunes. La piperie des mots, comme disait Pascal, n'a rien perdu de son empire : un nom, une date, une formule suffisent souvent pour déterminer, sans autre examen, l'assentiment ou la résistance. Voilà un homme qui se vante d'être à l'abri des préjugés : on ne lui impose point par des apparences; il ne relève que de son propre conseil. Demandez-lui son avis sur une institution, en le prévenant qu'elle existait dans l'ancien régime ; c'est assez pour qu'il l'abaisse. Dites-lui qu'elle vient de la Révolution ; c'est assez pour qu'il l'exalte. Il ne saurait parler, sans sourire, des superstitions monarchiques. Suivez-le jusqu'au scrutin. Vous allez le voir appliquer à la représentation nationale ce principe de l'hérédité qui sur le trône le révolte si fort, et nommer un député, non pour ses mérites, mais pour sa filiation.

Le premier effet de cette disposition est d'accoutumer l'esprit à considérer les choses ou les hommes, non en eux-mêmes, mais du point de vue particulier dans lequel on s'est retranché. On ne s'inquiète pas de savoir si un système est bon, mais de savoir qui le défend ; on considère moins les vérités qu'il contient que les intérêts qu'il sert. S'agit-il des hommes ; à ceux qui sont utiles à notre cause, nous pardonnons toutes les fautes, nous prodiguons tous les mérites. Celui-là au contraire n'en aura aucun, qui se sera porté notre ennemi ; son habileté même n'existera pas, et si quelqu'un s'avise de la reconnaître, tout en condamnant ses actes, on le réputera son complice.

Il arrive souvent qu'à force de vouloir donner tort à son adversaire, on finit par se blesser soi-même. On se tourne contre ses propres traditions, parce qu'on s'est persuadé qu'il les avait adoptées, et, comme le *Misanthrope*, on combat ses vrais sentiments,

> Aussitôt qu'*on* les voit dans la bouche d'autrui.

Il y a des personnes qui pensent être fidèles aux souvenirs de la monarchie en enveloppant dans une même défiance tous les soulèvements tentés contre la domination étrangère, et elles oublient que, pour ne s'être pas jetée dans des aventures stériles, pour avoir le plus souvent allié le salut des autres peuples avec l'intérêt de la France, la royauté a secondé de tous temps l'affranchissement des nations opprimées. Il y en a d'autres qui invoquent en faveur des nationalités les exemples du premier empire, et elles ne songent pas, dans leur imprudente érudition, que si Venise appartient à l'Autriche, c'est que Bonaparte la lui a livrée, et que si la Pologne ne forme pas un royaume libre, c'est que Napoléon, pouvant la relever, ne l'a pas voulu.

Si les opinions changent de nature avec les hommes qui les soutiennent, elles en changent encore plus avec les intérêts qu'elles flattent. Les mêmes lois, les mêmes mesures sont tour à tour applaudies et condamnées, en dehors de toute idée de justice, suivant la cause qu'elles servent ou qu'elles frappent. La Société de Saint-Vincent-de-Paul est dissoute : des hommes qui se donnent pour libéraux applaudissent à cette mesure, après l'avoir provoquée par leurs dénonciations, et quand on leur demande de la justifier, toute leur indépendance aboutit à cet argument : « Puisque le ministre a pris une telle décision, nous devons penser qu'il y a été conduit par des raisons bien graves. » Ils eussent rougi en toute autre circonstance d'alléguer pareille excuse, et dans un adversaire, elle les eût indignés; contre une association catholique pouvaient-ils garder ces scrupules?

Des journalistes, des ecclésiastiques ont admiré comme une merveilleuse invention le décret organique de la presse. Mais voici qu'en vertu de ce décret les feuilles religieuses ont été averties ou supprimées, les mandements des évêques soustraits à la publicité, la défense du saint-siége entravée. Ils en ont soupçonné alors les imperfections : existaient-elles moins auparavant?

La notion de la liberté ne résiste pas à de telles pratiques. Ce n'est plus un droit accessible à tous, c'est un privilége que se réservent les vainqueurs; ce n'est plus une garantie pour les minorités, c'est une arme donnée contre elles aux majorités triomphantes. On ne songe pas en la réclamant à la posséder pour elle-même; on se promet d'abord de l'exercer contre quelqu'un. J'entends, par exemple, un bouillant tribun déclarer qu'il veut la liberté pleine et entière, la liberté absolue, la liberté sans épithète. Je vais à lui l'âme confiante, et je lui demande la liberté d'enseignement. Je joue de malheur; c'est justement celle qu'il a résolu de ne point accorder. Il prétend mettre l'enseignement aux mains du gouvernement et n'en laisser le soin à nul autre. Pour lui, la liberté n'existe que si on la refuse au clergé. — Mais quoi! Le clergé se compose de citoyens, comme vous et moi; s'il ouvre des écoles, c'est qu'il y vient des élèves, et si nombre de familles lui envoient leurs enfants, c'est qu'il répond à leur manière de voir. —C'est précisément pour cela qu'il ne doit point enseigner. Il ne s'agit pas de savoir ce que pense le pays, mais ce qu'il doit penser. — Cet ennemi déclaré d'une religion d'État est le partisan fougueux d'un enseignement d'État. Il s'emporte contre ceux qui n'admettent que la *liberté du bien*, et il ne trouve en effet dans leurs opinions exclusives que de trop faciles prétextes à ses déclamations. Mais, tout en les réfutant, il ne voit pas qu'il les imite. Cette liberté, qu'il réclame impérieusement pour ses petites théories; pour des systèmes nés d'hier et destinés à mourir demain, il prétend l'enlever à l'Église; il la juge prématurée pour des croyances séculaires qui ont fait la gloire de la France et le salut du monde.

Il nous fournit du moins l'irrécusable preuve de ce que deviendrait dans une société changeante et divisée comme la nôtre, la *liberté du bien*. Le bien étant ce que chacun juge tel, la liberté du bien ne serait en réalité que l'oppression successive de tous les vaincus.

Ainsi vont les partis isolés les uns des autres: tribus éparses dans leur propre patrie, ils se regardent avec une mutuelle défiance; loin d'envisager ce que chacun d'eux pourrait apporter à l'autre de maximes justes et de secours efficaces, ils repoussent comme une erreur toute opinion qui s'est produite dans un camp étranger, comme un présent ennemi toute offre conciliatrice qui en est émanée. Ils ne se contentent pas des divergences naturelles qui les séparent, ils en supposent qui n'ont jamais existé. Ils tiennent à ce qu'elles existent, et sur ces malentendus qu'a formés leur imagination ils élèvent de nouveaux motifs pour se combattre. Ils se réservent le monopole des idées qu'ils professent; ils reprochent à leurs adversaires de ne point les adopter, et, si l'un d'eux prétend en partager quelques-unes, ils n'en veulent rien croire : ils lui font à la fois un crime de ses dissidences et une impossibilité de son adhésion. Un candidat se présente aux électeurs de Paris. Il se dit libéral, et il offre en témoignage ses écrits et ses actes. Un journal, qui d'ordinaire montre plus d'équité, lui refuse son suffrage, sous prétexte qu'un catholique ne saurait être qu'un *libéral inconséquent*. Ce qui revient à mettre en suspicion la majorité légale du pays.

Malheur à qui se dégagerait de ces étroites préventions ! Malheur à qui manifesterait une impartialité plus généreuse ! Un jeune et éminent publiciste a consacré son rare talent à la défense de la liberté; il a lutté et souffert pour elle. Mais il a eu le tort de ne pas en réduire l'idéal à l'unité italienne et d'accorder une égale sympathie à des hommes d'opinions diverses qu'unissaient une commune défaite et une commune indépendance. Sur ce seul grief, des amis de la liberté, qui n'ont jamais pâti pour leur idole, l'ont exclu des listes d'élection où ils avaient d'abord pris soin de s'inscrire eux-mêmes.

Nous ne disons point assez, en effet, lorsque nous accusons les partis de ne considérer que leur propre cause. Nous avons montré le *parti du gouvernement* se diminuant à plaisir, créant dans son sein des catégories, mettant à rétrécir son cercle autant de zèle qu'il en aurait dû mettre à l'étendre, désavouant des hommes que lui demeuraient attachés, et, alors même qu'ils protestaient de leur dévouement, les déclarant infidèles. Les autres opinions n'échappent guère mieux à cette infirmité. Non-seulement elles ont peu de souci de grossir leurs rangs; mais encore elles travaillent à les éclaircir par leur intolérance. Elles songent d'ordinaire à s'épurer bien plus qu'à se recruter. Aux principes qui devraient rallier tous leurs membres, elles substituent trois ou quatre règles qui n'aboutissent qu'à les désunir. Il ne leur suffit pas qu'on les rejoigne sur la grande route; il faut encore qu'on les suive dans les moindres sentiers. Voulez-vous l'enseignement gra-

tuit? Voulez-vous l'enseignement obligatoire? Êtes-vous d'avis d'aller
aux élections? Êtes-vous d'avis de n'y point aller? Êtes-vous pour
la solidarité des peuples? Que pensez-vous de l'unité italienne, de
l'unité allemande, de l'unité scandinave, des races latines, etc.?
C'est sur de pareilles questions que se décident beaucoup de jugements. Il y a des hommes qui placent leur avantage, non pas à trouver des alliés dans des camps opposés, mais à découvrir des adversaires parmi leurs propres amis. Il semble qu'ils comptent une victoire à chaque adhérent qu'ils ont écarté.

X V I

On appelle exclusifs les esprits qui se laissent prendre à ces mes-
quines tendances. Bien exclusifs, en vérité! car c'est sur eux-mêmes
que retombe la sentence dont ils croient frapper leurs contradicteurs.
Ils excluent ceux-ci de leurs rangs; mais ils s'excluent plus sûrement
eux-mêmes du mouvement général de la société. A force de repousser
tout le monde, ils restent seuls.

En s'étudiant les uns les autres, en revendiquant les uns pour les
autres une égale justice, les partis apprendraient à se connaître en
même temps qu'à s'aider. Bien des soupçons tomberaient dans ces
rapprochements, et, rassemblant leurs forces sur les ruines de leurs
mutuelles défiances, ils atteindraient plus tôt le but commun de leurs
désirs. L'isolement les condamne à la stérilité. Vaincus, ils s'énervent
dans leur impuissance; vainqueurs, ils se perdent par leurs excès.
Chacun d'eux, se reposant sur les perfections qu'il s'attribue, néglige
d'ôter des prétextes aux imputations dont il est l'objet; tout entier au
soin d'incriminer les autres, il ne s'aperçoit pas que les préventions
s'amassent contre lui.

C'est en vain qu'on se flatte d'avoir détruit les idées contraires, en
dédaignant de s'en occuper. Elles marchent cependant, elles se déve-
loppent, elles s'avancent, entraînant des foules à leur suite. Au bout
de quelque temps, on veut voir ce qui se passe; on trouve que tout a
changé. On veut parler; on n'est pas entendu. Les souvenirs, les
noms, les mots qu'on invoque sont des anachronismes. Ne pensez pas
que ces erreurs et ces mécomptes soient particuliers à une opinion.

Il y a des rétrogades dans tous les partis. Les déclamations de ceux-ci ne sont pas moins surannées que les doléances de ceux-là, et les plus empressés à jeter sur leurs adversaires le reproche de n'avoir rien appris ni rien oublié seraient quelquefois les plus dignes qu'on le leur adressât.

Le malheur est que les principes portent la peine de ces fautes. On commence par les exalter les uns après les autres : on arrive à les rendre odieux par la façon outrée dont on les applique. On a voulu d'abord leur sacrifier tout; on finit par leur préférer tout. Aujourd'hui tout pour la liberté, demain tout pour l'autorité; aujourd'hui tout pour les villes, demain tout pour les campagnes; aujourd'hui tout pour la classe moyenne, demain tout pour les classes populaires ; aujourd'hui tout pour le pouvoir, demain tout contre lui. Isolées entre elles comme les partis entre eux, les vérités politiques semblent être devenues mutuellement ennemies; elles auraient besoin de se prêter des tempéraments réciproques, et elles vivraient en se combinant. Nous ne travaillons au contraire qu'à les séparer. Pour relever un principe, nous en renversons un autre, comme des prodigues qui pour payer leurs dettes en contracteraient de nouvelles, ou qui risqueraient au jeu le patrimoine de leurs pères, pour faire la charité avec leurs gains.

Que reste-t-il au delà de ces égarements, sinon le dernier terme de l'esprit de parti, la forme la plus abaissée de l'arbitraire dans les opinions, la doctrine des faits accomplis? A voir les mêmes fautes reproduites dans tous les camps, les maximes les plus différentes, les actions les plus opposées tour à tour célébrées et flétries par les mêmes bouches, et la victoire ou la défaite fixant trop souvent la mesure de l'éloge ou du blâme, le scepticisme s'empare des intelligences. On ne croit plus aux principes; on ne croit qu'aux événements. Ce n'est pas même l'intérêt de la cause qui dicte les jugements. Il y a dans cette passion, si loin qu'on la pousse, quelque chose d'impersonnel, et l'égoïsme de l'homme de parti, comme celui du patriote, suppose l'abnégation de l'homme. Ces visées généreuses ne sont plus que de folles chimères ; on se réduit à son intérêt propre. On ne voit que soi dans l'État; au milieu des vicissitudes nationales, des injustices du pouvoir, des revers de ses concitoyens on ne cherche qu'à se ménager des chances pour faire son chemin. Ce qu'on est décide de ce qu'on pense ; les convictions naissent, changent et tombent avec les positions.

Beaucoup de gens appellent cela n'être d'aucun parti. Ils se trompent. Leur parti, c'est leur personne.

Interrogez Pantagoras : s'il est sincère, il ne dira pas non. Pendant dix ans, il n'a soufflé mot pour la liberté. Il a vu passer les lois les

plus rigoureuses ; il n'en a pas moins recueilli les faveurs du pouvoir
et hanté ses salons. Plein de verve pour dénoncer les abus du monde
entier, inexorable surtout pour les gouvernements faibles ou déjà
vaincus, il n'a jamais réfléchi qu'il pût y avoir rien à reprendre dans
son propre pays. Mais, un jour, il s'est avisé de solliciter un poste
que depuis longtemps convoitait son zèle ; on ne le lui a point accordé. C'en est fait ; le voilà parti. Il est hors de lui ; c'est un
foudre de guerre ; il ne parle que de réformes ; il en réclame partout,
il les veut toutes à la fois ; il trouve l'état de choses intolérable ; il
ne conçoit pas qu'on l'ait laissé venir à ce point. Il gourmande la
froideur de ceux qu'hier encore il accusait d'impatience ; il les pousse,
il les excite, il les dépasse, il les effraye. Pour moi, je tremble dès
qu'il ouvre la bouche.

Si vous demandez à Pélogène pourquoi il est devenu au contraire
si paisible, lui qu'on a jadis connu si furibond, il vous donnera de ses
variations quelque raison de même aloi. Il a réussi là où Pantagoras
est venu échouer. En obtenant l'emploi que souhaitait son rival, il lui a
passé sa pétulance. C'est un échange ; pour peu que se modifient leurs
situations respectives, ils le recommenceront, je gage, dans quelques
années.

XVII

. Vous le voyez, dira quelqu'un : le mal est sans remède. Les partis
sont incorrigibles. Ils ne demandent qu'à prendre la place du pouvoir. Ce qu'ils lui reprochent, en définitive, ce ne sont pas les priviléges qu'il se réserve, ce sont ceux qu'il leur refuse. Laissez-les
donc en proie à sa rude direction ; il n'y a pas d'autre moyen de les
contenir.

Autant vaudrait prétendre que la mission des gouvernements est
de concentrer en eux-mêmes les mauvaises passions d'un pays.

Qu'est-ce, en effet, que le pouvoir arbitraire, sinon une prime of-
ferte à tous les défauts que nous venons de signaler ? Ces animo-
sités réciproques, cette farouche intolérance, cette habitude d'avoir
deux poids et deux mesures, cette idolâtrie du fait accompli, le pouvoir arbitraire, loin de les combattre, les éveille, les encourage, les

exalte ; il en est né, il en vit. Il rassemble toutes ces ambitions, toutes ces haines, tous ces désirs ; il dit à chacun d'eux, comme les sor-
cières de *Macbeth* : « Tu seras roi ! »

L'esprit de parti n'est autre chose que l'arbitraire dans les opinions, je le veux ; mais on m'accordera que l'arbitraire dans le pouvoir n'est autre chose que l'esprit de parti devenu souverain.

C'est la tendance des partis de ne rien admettre en dehors de leur
propre cause et d'ériger en dogmes tout ce qu'ils professent. Cette
tendance, l'arbitraire la consacre, en substituant à l'autorité des lois
le bon plaisir d'un maître. Quoi qu'il fasse, tout est bien ; ses moindres caprices sont des ordres ; ses faiblesses, ses superstitions, ses
colères des raisons d'État. Pierre Ier se prend de goût pour un garçon
pâtissier ; il crée Menzikoff prince et général. Un jour il le rencontre
traîné dans un carrosse à six chevaux ; il l'en fait descendre et il se
donne le plaisir de le rouer de coups en pleine rue. Menzikoff re-
monte, ainsi pourvu, dans sa voiture, et le lendemain il reparaît au
conseil. Nul ne songe à s'en étonner ; sa mésaventure semble aussi na-
turelle que son élévation ; on le voit au gouvernement comme on
l'aurait vu à la potence. Voilà l'arbitraire.

C'est la tendance des partis de ne vouloir la liberté que pour eux
et de la refuser à leurs contradicteurs. Qui sait mieux les satisfaire
dans l'opinion dominante que le pouvoir arbitraire ? Tout ce qui le
gêne, il le brise ; il déclare coupable tout ce qui lui porte ombrage.
Les jésuites viennent à déplaire à un roi de Portugal : en une nuit,
ils sont saisis, embarqués et expatriés. On connaît ce trait de Louis XIV
jetant sa canne par la fenêtre pour ne pas dégrader par un acte de
violence la majesté souveraine. La liberté, elle aussi, rend aux gouvernements comme aux partis le service de leur retirer la canne qu'ils
seraient tentés de lever contre leurs adversaires. L'arbitraire la fixe
dans leurs mains, et les invite sans relâche à en faire usage.

En leur assurant par là l'impunité de leurs fautes, il les excite à
les multiplier. Le maréchal de Richelieu avait hâte de se rendre dans
son gouvernement de Guyenne, parce que, pensait-il, « il y pourrait
faire tout ce qu'il voudrait, et que personne n'oserait rien lui dire,
étant bien avec le maître. » Charme terrible des régimes absolus !
Pouvoir faire tout ce qu'on veut, sans que personne vous dise rien !
Pouvoir se déshonorer à plaisir, sans cesser de se croire honoré !
Passer la seconde moitié de sa vie à trahir ce qu'on a adoré dans la
première, et n'avoir pas à craindre qu'on ose vous le reprocher !
La publicité fait honte à ces basses envies ; l'arbitraire les couronne. Il réduit au silence la vertu révoltée ; il met sur le faîte l'apo-
stasie triomphante. C'est ainsi qu'il s'entend à guérir les peuples de
la triste habitude de donner tout au succès.

Enfin c'est la tendance des partis de se méconnaître les uns les autres, et d'affaiblir par leurs divisions les forces du pays. Elle répond trop aux calculs de l'arbitraire pour qu'il essaye de s'y opposer. Leur accord ferait sa ruine. Tandis qu'ils se déchirent entre eux, ils perdent de vue ses actes, et leurs violences, qu'il a lui-même quelquefois déchaînées, lui servent de prétextes pour refuser les réformes et rallier par la peur les intérêts.

Est-ce donc que l'arbitraire soit sans périls et procure aux gouvernements tous les avantages qu'il leur promet? Non, la force des choses prend tôt ou tard contre eux le parti des lois méconnues. A défaut de résistances, ils trouvent dans leurs propres fautes le principe de leurs revers. Ils ont cru supprimer les difficultés ; ils n'ont fait que les oublier. Pour ne les avoir point prévues à temps, ils vont se heurter contre elles. Ils les sentent alors, mais pour en être accablés. L'arbitraire les délivre des barrières, mais ne les préserve pas des abîmes.

Il les délivre également du contrôle de l'opinion, mais non du joug de leurs agents. On s'est plaint de la prépondérance que le régime parlementaire attribue aux ministres : combien y a-t-il de monarchies absolues où l'on ne voie un ministre exercer le suprême pouvoir! Si le prince est un esprit frivole ou faible, c'est l'ordinaire, et il n'y a qu'à le féliciter lorsqu'il a eu la sagesse de confier les affaires à un homme capable de les diriger. S'il se sent né lui-même pour cette grande mission, et qu'il veuille se la réserver, il ne parviendra point, quelle que soit son initiative, à s'affranchir de l'intervention de ses ministres : il en sera souvent l'esclave. En l'absence des libertés qui lui eussent révélé le sentiment du pays, c'est à eux qu'il devra s'adresser pour le connaître ; sa politique dépendra de leurs rapports. Ils le mèneront en le renseignant.

Et quel mobile les guidera les uns et les autres? Ministres omnipotents ou simples conseillers, il pourra se rencontrer parmi eux, et l'histoire nous en fait voir plus d'un, de fermes citoyens et de grands patriotes. Mais, pour peu qu'ils s'inspirent de cet intérêt personnel qui est l'âme de semblables régimes, ils ne songeront qu'à flatter les influences auxquelles se rattachera leur fortune. Ils ne se demanderont pas ce que réclame le vœu public, mais ce qu'exige le soin de leur crédit ; et tandis que la brusque attaque de ses plus violents ennemis aurait du moins ouvert les yeux au souverain, ils le conduiront d'illusions en illusions jusqu'à sa perte.

Ce n'est pas que le péril ne se fasse sourdement sentir. L'arbitraire donne pour un temps la force au pouvoir ; il ne lui inspire jamais la confiance. Les gouvernements absolus sont à la fois les plus audacieux et les plus timides. Ils osent tout et ils ont peur de tout.

Comme le silence est leur premier principe, le moindre éclat pour eux est un événement. Ici des réunions se forment, des congrès s'assemblent, des débats s'engagent, sans que l'ordre en soit troublé ni le pouvoir ému. Là l'opposition d'un seul, le cri d'une femme, la prière d'un prêtre, la forme d'un costume, la couleur d'un ruban, la coupe de la barbe, suscitent des alarmes et des fureurs. Vous savez ce qu'est l'état de siége : tout, sous son empire, est mal interprété : les citoyens qui se rendent à leurs affaires sont arrêtés au coin des rues par les soldats en armes ; il ne se produit aucun mouvement dont l'autorité ne veuille avoir le secret et régler la direction. L'état de siége est la situation normale du régime arbitraire ; ce régime suppose en tous ceux qui ne dépendent pas de lui une conspiration.

On voit bien que nous pensons à la Pologne. Il n'est point de pays où l'arbitraire ne puisse à la longue tomber dans ces extrémités. On ne reste pas dans la modération, quand on est maître d'en sortir. On fait de beaux rêves, on se promet de ne suivre jamais que la justice, d'écouter les objections, de maintenir la liberté. La pratique a bientôt raison de la théorie. On se trouve dans la situation de cet empereur romain dont parle Montesquieu. Il voulait un sénat indépendant, mais il le voulait docile ; il voulait la liberté, mais il n'admettait pas l'opposition ; il voulait des choses absolument incompatibles, et les passions de l'homme refoulaient incessamment les maximes de l'homme d'État.

Sur cette pente rapide on ne s'arrête point comme l'on veut. Une fois qu'on a commencé d'écarter les contradictions, on ne distingue pas entre elles, on a plus vite fait de les repousser toutes. La fidélité n'échappe pas même au soupçon. L'homme qui signale le péril est réputé l'avoir provoqué ; l'homme qui prévoit les résistances est accusé de les fomenter ; comme on accuserait de propager la peste celui qui indiquerait d'avance les moyens de s'en préserver. Au temps de Henri VIII, la peine de mort fut portée contre tous ceux qui annonceraient la maladie du roi. Qu'arriva-t-il ? Quand le roi fut gravement atteint, les médecins refusèrent de le constater ; ils le laissèrent mourir pour sauver leur vie.

Qui ne voit, en effet, à quels dangers on court par cet emportement ? Qui ne voit qu'en proclamant à l'aveugle des citoyens infidèles, on risque de les rendre tels ? Qui ne voit qu'en déclarant leurs idées séditieuses, un gouvernement s'expose à faire croire qu'il faut choisir entre leur triomphe et sa propre ruine, et prépare ainsi contre lui-même la plus redoutable crise pour le jour où la nation viendrait à les adopter ? Napoléon a laissé, sous ce rapport, des enseignements que ne devraient oublier ni les pouvoirs ni les partis. Habitué à ne voir autour de lui qu'une soumission uniforme, à ne

chercher que dans sa volonté personnelle l'expression du vœu public,
il répondit par des invectives aux réclamations que lui firent entendre des voix courageuses. Lorsque cinq représentants, d'une
loyauté égale à leur modération, tentèrent de lui dévoiler les sentiments du pays, il les réprimanda, il les traita de factieux ; il appela
« méchant homme » le premier d'entre eux, M. Lainé. Et pourtant,
qu'avaient-ils osé demander? Des garanties nécessaires, des libertés
que Napoléon devait vanter, deux ans plus tard, avec la même ardeur
qu'il avait mise à les répudier. Mais alors il n'était plus temps. Ce
pays, qui les aurait reçues avec gratitude en 1813, ne les voulut plus
accepter de lui : il les demanda aux Bourbons. Elles entrèrent avec
eux dans le gouvernement, et le « méchant homme » devint, aux
applaudissements de la France, président de la Chambre des députés.

XVIII

L'arbitraire n'est ni moins trompeur ni moins funeste pour la société que pour les gouvernements. Il ne lui assure aucun des biens
qu'elle attendait de lui ; il la pousse vers tous les écueils dont il semblait devoir la préserver.

Ce qu'elle lui demande d'abord, c'est la sécurité. Comment la lui
donnerait-il? La sécurité suppose un état fixe. L'arbitraire est l'insta-
bilité même. Dans un gouvernement libre, le citoyen sait qu'il ne dépend que de la loi : il lui importe peu de déplaire au pouvoir : tant
qu'il n'a pas manqué à la loi, il est inviolable. Il ne craint pas davantage que quelque entreprise imprévue jette le trouble dans ses affaires.
Tout se passe au grand jour ; aucune mesure grave n'est prise sans
qu'elle n'ait été précédée d'une délibération publique ; il est éclairé,
averti, consulté ; il est tranquille. Il marche l'esprit en repos et la
tête haute.

Il n'en est pas ainsi sous le règne de l'arbitraire. Là nul principe,
nul droit, nulle garantie ; des expédients, des priviléges, des exceptions. Vous vous flattez, il est vrai, que les priviléges seront toujours
pour vous et les exceptions contre vos adversaires. Chimérique assurance ! Vous avez dispensé le pouvoir d'être juste, et vous prétendriez

engager sa foi! Il vous a protégés, tant qu'il a vu son intérêt dans votre élévation; il vous abandonnera, quand il le verra dans votre ruine, et, s'il le faut, il accordera contre vous à vos ennemis toutes les libertés dont il vous avait armés contre eux. Les exemples abondent sur ce point. Il y en a peu d'aussi mémorables que la querelle des jésuites et des jansénistes au dix-huitième siècle : les uns et les autres tour à tour vaincus et vengés, en appelant tour à tour au bras séculier, et tour à tour soutenus et repoussés par lui; les parlements provoquant l'expulsion des jésuites et ayant bientôt à se défendre eux-mêmes contre la persécution; le gouvernement, mobile et faible devant ces luttes acharnées, et suivant qu'il croit y trouver avantage, donnant alternativement tort et raison aux deux partis. Que de leçons analogues nous offre notre histoire! Il n'est guère d'opinions qui, ayant profité du régime arbitraire, n'aient fini par en être victimes!

Dans cette incertitude, nulle situation n'est assise, nul intérêt ne se sent à l'abri. On vit au jour le jour; en pleine paix, on redoute une guerre soudaine; innocent, on n'est pas assuré de n'être point suspect. Écarté de la politique, on ne fait que s'en inquiéter davantage, en la voyant suivre une autre marche que celle qu'on avait souhaitée. La pensée vient d'y remettre la main. Impossible! On veut avertir le pouvoir, il vous arrête; vous empiétez sur ses droits en revendiquant les vôtres; il vous adresserait au besoin la réponse qu'un austère magistrat de l'ancien régime faisait à son fils. Celui-ci venait d'apprendre que son père avait résolu de le marier. Si douce que fût son humeur, il se persuade qu'en pareille matière il a quelque chose à voir; il se présente timidement; il hésite, il balbutie; enfin : « Mon père, ose-t-il dire, j'ai su que vous songiez à mon mariage, et je... » — Mêlez-vous de vos affaires, réplique aussitôt le vieux conseiller, offensé d'une intervention si indiscrète.

L'ordre du moins sera garanti. On ne fera pas de politique, mais la vertu, la morale, la religion n'en seront que plus florissantes. Gardez-vous de le croire. La vertu, comme la liberté, est odieuse à l'arbitraire; en elle, comme dans la liberté, il reconnaît et il repousse un frein. Les roués sont d'ordinaire les premiers soutiens du despotisme, et l'on a vu dans tous les temps l'athéisme et la délation marcher de compagnie.

Il faut bien, d'ailleurs, offrir aux esprits qu'on a exclus des affaires publiques quelque sujet d'occupation. Les diversions scandaleuses remplaceront les agitations politiques. Il sera défendu d'attaquer l'État; mais il sera d'autant plus permis d'attaquer les croyances, et des hommes se persuaderont qu'ils sont libres, en demandant des chaînes pour le prêtre. Les spectacles, les travestissements, les spéculations financières, toutes les amorces matérielles éclateront à la fois. « Pendant qu'on spécule, on ne conspire pas, » dit le Régent. Qu'un crime se produise, il retentira longuement dans le silence. Qu'un livre honteux paraisse : comme une pierre lancée dans une eau stagnante, il remuera à la surface d'une société désœuvrée la lie des passions.

Certes, les gouvernements ne gagnent point à ce jeu redoutable. Ils croient se sauver en livrant à leurs ennemis la religion et la vertu : ils ne font que dégarnir leur autorité de ses premiers boulevards. Mais la société n'est pas moins dangereusement atteinte. Déchue de ses croyances en même temps que de ses droits, elle n'a ni l'expérience que donne la pratique des affaires, ni la modération qu'assure le respect des principes. Elle se trouve sans défense aussi bien contre les entreprises du pouvoir que contre les représailles que préparent ces entreprises. Elle s'irrite des abus, et elle ne s'inspire elle-même que des maximes qui les ont amenés; elle proteste contre la force, et ce frein moral, qui seul peut remplacer la force, elle ne s'y soumet point. Elle veut l'empire du droit, et elle n'écoute que ses haines. Elle revendique la liberté, et elle ne connaît pas la justice.

XIX

Qu'est-ce donc que la justice ?

Supposez que les jugements ou les actes que vous autorisez contre vos concitoyens, vont vous êtes appliqués; vous l'aurez bientôt définie : « La justice, écrivait un délicat penseur, est le droit du plus faible : elle est en nous le bien d'autrui et dans les autres notre bien[1]. » C'est le mot de l'Évangile : « Ne faites pas à autrui ce que vous ne voudriez pas qui vous fût fait à vous-même. » Il n'y a point une seule liberté qui ne soit en germe dans le précepte chrétien.

Si, par exemple, vous étiez faussement accusés, trouveriez-vous juste qu'on ne vous laissât point la faculté de vous défendre? Trouveriez-vous juste que pour excuser l'oppression dont vous seriez

---

[1] Joubert, *Pensées et maximes*.

victimes, on se contentât d'inculper vos tendances ou d'alléguer les abus jadis encouragés par votre propre parti? Trouveriez-vous juste qu'en soutînt contre vous les prétentions d'un adversaire, même les plus iniques, pour ce seul motif qu'il vous serait opposé, ou que l'on repoussât vos réclamations, même les mieux fondées, pour ce seul motif qu'elles émaneraient de vous? Trouveriez-vous juste qu'au moment où il s'arrogerait sur vos actions tous les droits, votre contradicteur dérobât les siennes à vos moindres critiques, ou ne vous permît de les apprécier que dans une mesure dont il serait l'unique juge; et la raison d'État, qui peut-être a servi plus d'une fois vos rancunes, vous semblerait-elle légitime, invoquée contre vous? Trouveriez-vous juste que, pour une simple dissidence, votre gouvernement ou votre parti s'en prît à vos intentions ou dénonçât votre trahison? Trouveriez-vous juste enfin, hommes de ce siècle et de ce pays, qu'une postérité, fille de votre sol et née de votre sang, méprisât vos leçons, dédaignât comme une époque indifférente le temps où vous avez vécu et ne vît dans vos épreuves, vos travaux ou vos triomphes que traditions étrangères ou souvenirs ennemis?

Non, évidemment. La même réponse est sur toutes les lèvres; il ne s'agit que de la mettre dans les faits. Elle implique, pour la conduite des partis comme pour la politique des gouvernements, certaines maximes. Il ne s'agit que de les observer.

Et d'abord qu'on les applique à l'histoire contemporaine. Au lieu de s'en tenir à ce point de vue exclusif que n'aura jamais, nous assure M. Genteur, l'enseignement officiel, qu'on imagine de ne prendre que la justice pour règle de ses appréciations. On verra s'évanouir à l'instant ces imputations contradictoires dont les partis se poursuivent les uns les autres jusque dans le passé. L'étude est importante; car nos jugements historiques n'ont que trop d'influence sur nos divisions.

Celui qui voudrait se conformer à la justice, tout en gardant d'ailleurs à sa cause une fidélité qui ne saurait en souffrir, commencerait par effacer la démarcation arbitraire que tracent des passions extrêmes entre l'ancien régime et les temps nouveaux. Dans le passé, comme dans le présent, il apercevrait avant tout la France. Il saurait, dans le passé, dénoncer les fautes, blâmer les abus, flétrir les crimes et démêler leur châtiment jusque dans les forfaits qui ont ensanglanté la fin du dernier siècle. Mais en même temps il honorerait le long travail et le patriotisme ardent de cette grande monarchie qui a formé l'unité du territoire, émancipé les communes, favorisé l'essor du génie national, préparé dans l'avènement de la bourgeoisie l'égalité des classes et proclamé par la bouche de Louis XVI les libertés dont nous attendons le retour. Il saluerait d'un regard attendri ce magnanime élan de 1789, ce désintéressement, cette ardeur du bien public qui enflammait alors tous les cœurs et dont un impartial écrivain vient de nous montrer l'émouvante inspiration dans les procès-verbaux des assemblées provinciales. Mais, sans idolâtrie pour aucun nom, ni superstition pour aucune date, il signalerait dans la Constituante les empiétements dangereux, les faiblesses coupables, les exigences iniques, et, tout en reconnaissant les bienfaits de son œuvre, il opposerait, avec M. de Tocqueville, à l'esprit oppressif de la centralisation moderne cette indépendance de caractère qui ne cessa d'animer l'ancienne société. Il n'aurait qu'un cri de réprobation contre les horreurs de 93, et plus encore s'il se peut, contre ces apologies hideuses qui semblent un effort pour les renouveler. Mais, envers cette époque elle-même, il n'oublierait point la justice. Il se reporterait vers ces légions héroïques, sorties du sol pour défendre les frontières, et comme la Convention protégeait aux Lieux Saints les chrétiens qu'elle massacrait à l'intérieur, il ne refuserait pas son approbation aux réformes opérées par ses mains détestables.

Que dirait-il des gloires de l'Empire? Pourrait-il voir avec indifférence le culte rétabli, les lois relevées, l'administration organisée et l'éclat de cent victoires rayonnant sur le front d'un peuple ? Cependant, au delà de ces victoires, apparaîtraient les désastres et, avec eux, les attentats et les aventures d'où ils sont sortis. Il remonterait ainsi jusqu'au 18 brumaire et dans la chute du plus étonnant des mortels il ferait sentir le danger de confier à un homme les destinées d'une nation. Il n'excuserait pour cela ni les réactions, ni les violences; mais en les condamnant partout où il en découvrirait la trace, il rendrait hommage au gouvernement réparateur qui, soutenu par son principe et fidèle à ses traditions, assura la liberté dans l'État, le crédit dans les finances, l'activité dans le commerce, et sans cesser de tenir haut le drapeau français, sut guérir des maux dont il n'était pas l'auteur et conquérir à notre diplomatie une influence que ne lui avait point value la force maniée par un géant. Également contraire et à des ordonnances que réprouvait la charte et à la révolution qui, pour la venger, la viola elle-même, il proclamerait, avec les difficultés que le nouveau gouvernement devait à son origine, le ferme courage qu'il mit à les conjurer, sans dommage pour l'ordre ni pour la liberté.

La république ne trouverait pas en défaut son impartialité, et plutôt que de s'associer à ceux qui, après l'avoir exaltée sans mesure, l'outragèrent tombée, il rappellerait l'échafaud politique renversé, la banqueroute honnêtement repoussée, les libertés publiques loyalement respectées. Arrivé au gouvernement actuel, il n'aurait

garde, quelles que fussent ses convictions personnelles, de manquer
aux mêmes devoirs. Une seule chose arrêterait l'expression de son
jugement : l'embarras de le rendre dans sa plénitude. Pour les âmes
bien nées l'éloge est malaisé, quand le blâme n'est pas libre.

XX

Cette justice dans l'histoire, cette justice, dont notre époque a
fourni d'illustres exemples, s'appliquerait également dans la politique quotidienne. Elle serait entre les opinions ce qu'est le droit des
gens entre les nations. La première tendance des partis est de se dé-
créditer les uns les autres, et, si l'on en croyait leurs mutuels reproches, on serait réduit à les condamner tous. Sachons le dire au
contraire : il n'est point de parti qui ne contienne une portion de
vérité ; il n'en est point qui ne trouve à s'isoler une occasion d'erreur. Chacun d'eux profiterait à se dépouiller soi-même de ce qu'il
a de mal, et à chercher dans ses adversaires ce qu'ils ont de bon pour
se l'approprier. Loin de s'affaiblir à cette pratique, celui qui l'aurait le mieux remplie y puiserait sa force. Les Romains l'obser-
vaient envers les différents peuples : ils empruntaient à chacun ses
avantages, et, comme parle Bossuet, ils tiraient ainsi de toutes les
nations de quoi les surmonter toutes.

Voici d'abord un grand parti qui se fonde sur le droit. Il en fait
la condition de son existence, et comme il déclare le représenter dans
son expression la plus haute, il prétend offrir à tous les droits particuliers leur plus sûre garantie. Alors même qu'on ne s'inclinerait
pas devant le principe qu'il invoque, peut-on nier que l'idée générale du droit, à laquelle il s'attache, ne doive être la loi des gouvernements ? Peut-on nier que ce culte des traditions, dont il se fait honneur, ne doive trouver sa place dans les inspirations d'un pays ?
Qu'est-ce que la liberté, si on ne l'asseoit pas sur le droit ? Quel
serait l'avenir d'une nation qui se condamnerait volontairement à
n'avoir point de passé ?

Mais ceux qui demeurent fidèles à des institutions séculaires ont
un écueil à éviter : c'est d'étendre outre mesure, par la plus noble des

exagérations, le domaine de leur propre constance, et parce que leur cause se lie à de vieux souvenirs, de défendre indistinctement tout ce qui a vieilli, parce que leurs adversaires repoussent tout ce qui est ancien, de voir avec défiance tout ce qui est nouveau. Au lieu de rejeter à l'aveugle leurs allégations réciproques, les deux camps auraient à se donner de mutuelles leçons. Ceux-ci devraient entrer dans les changements inévitables qu'opère la marche du temps. Appuyés sur un principe supérieur à ses variations, ils n'en sont que plus forts et n'en doivent être que plus empressés pour s'associer au mouvement de leur pays, pour interroger ses sentiments, ses besoins, ses désirs, et leur offrir satisfaction. Ceux-là apprendront à leur tour que que la souveraineté du peuple, si vaste que soit son empire, ne domine pas la justice. Pas plus que les rois, le peuple n'est un maître absolu; il doit trouver dans les croyances, dans les traditions, dans les lois la direction et le frein de son autorité. Où ont-ils vu d'ailleurs qu'il l'ait jamais pleinement exercée? Où ont-ils vu qu'il ait jamais tenté de la prendre au sérieux, sans tomber aussitôt sous l'amère dérision de l'anarchie ou de la servitude? Les plus ardents à le couronner furent toujours les plus prompts à l'enchaîner; ils ont, de tout temps, suivi à son égard la recommandation de Voltaire contre la papauté : ils lui ont baisé les pieds pour lui lier les mains.

Ce sont là des vérités que l'histoire atteste et dont il importe assurément de pénétrer une nation ; mais on sera d'autant plus fondé à les lui enseigner qu'on aura commencé par défendre ses libertés.

Il en est de même de cette doctrine des nationalités qui suscite à la fois des protestations si bruyantes et de si étranges applications. Il n'est que trop facile de montrer où elle mène lorsqu'on ne la fait servir qu'à justifier l'invasion d'un territoire ou la violation d'un traité ; il n'est alors rien d'assuré : elle devient l'excuse de toutes les ambitions, le titre de toutes les conquêtes, et les droits des peuples n'apparaissant plus qu'à travers les perturbations qu'elle a produites, on en arrive à considérer comme une œuvre de désordre tous les soulèvements, même les plus légitimes, comme un gage de paix toutes les dominations, même les plus odieuses. Le remède ne vaut pas mieux que le mal. On condamne avec raison l'esprit révolutionnaire, mais on oublie trop que les premiers coupables sont les pouvoirs qui, par leurs violences, donnent prétexte à ses entreprises. Ce ne sont pas les nations qu'il faut détruire pour l'arrêter, ce sont leurs souffrances. Il faut flétrir ses excès, mais au nom même de cette cause de l'indépendance nationale dont il est le dernier fléau. C'est pour n'avoir point abandonné cette sage politique que la France a vu, dans l'ancien régime, les Provinces-Unies délivrées, la maison d'Autriche abaissée, l'Amérique émancipée, et qu'elle a eu, dans notre siècle, la gloire de proclamer l'affranchissement de la Grèce et de la Belgique.

Parlerons-nous de cette idée du progrès dans laquelle semblent se résumer les aspirations confuses de notre époque? Il n'en est pas qui fasse mieux sentir la nécessité pour les partis de s'étudier les uns les autres et de tenir un compte réciproque de leurs prétentions respectives. Que sous le nom de progrès se cachent de grossières convoitises et de folles utopies, cela est incontestable. Mais la pensée que le nom désigne n'en est pas moins juste; en ne voyant qu'erreurs ou chimères dans tout ce qu'elle inspire, on ne l'empêchera pas de faire son chemin, on ne contribuera qu'à l'égarer. Il ne s'agit plus seulement ici des partis; il s'agit des classes diverses de la société. La démocratie aurait tort de méconnaître les supériorités légitimes; elle serait injuste de mépriser ces rangs élevés vers lesquels se poussent elles-mêmes les masses populaires et que beaucoup, parmi elles, verront demain s'ouvrir à leur ambition. Mais c'est aux hommes que leur vocation, leur naissance ou leurs lumières investissent de quelque influence, de veiller à la conserver; c'est à eux de devancer toujours cette foule que possède le vaillant désir de monter plus haut; à eux de mériter sa confiance, comme aux ancêtres de mériter le respect de la postérité.

Cet échange de services entre les classes variées d'un pays, ces égards mutuels entre les partis les plus contraires, sont autant d'acheminements vers la liberté. Ils en mettent les principes dans les mœurs; ils font entrer dans les habitudes nationales cette triple loi dont l'arbitraire est la violation permanente et la liberté la conclusion nécessaire : la publicité, la solidarité, la responsabilité.

La publicité n'est plus le privilége de personne, elle est le droit de tout le monde. Tous les partis ont avantage à la maintenir : elle leur offre le moyen de faire connaître leurs propres mérites, en même temps que de mettre à profit les exemples de leurs adversaires. Chacun d'eux tire un sujet d'émulation de cette loyale comparaison et sent grandir d'autant plus son autorité que la contradiction oppose plus d'entraves à ses fautes.

Ce n'est point assez qu'aucun parti ne provoque l'oppression des autres; il faut encore qu'aucun ne la supporte. Qu'un homme soit blessé sous nos yeux, nous ne le pouvons voir sans en être émus. Qu'un peuple soit enchaîné, nous prenons feu pour sa délivrance. Que des chrétiens soient massacrés à l'autre bout du monde, ils nous sont étrangers, nous ne les avons jamais vus, nous ne les verrons jamais; n'importe. Notre cœur bondit pour les venger. C'est l'élan de l'humanité, c'est le cri de l'honneur. C'est la loi de la liberté. Elle veut que tous les citoyens se sentent atteints du coup qui a frappé le moindre d'entre eux. « Quand la liberté d'un sujet est attaquée, disait un magistrat de la Grande-Bretagne, c'est une provocation à tous les sujets de l'Angleterre. »

De là ce sentiment de la responsabilité qui ne dérobe le citoyen à la dépendance du pouvoir que pour le lier plus étroitement à sa propre conscience. Nul n'a le droit de se désintéresser des affaires publiques ; nul n'a le droit de croire sa conduite étrangère aux destinées de son pays. On ne sait point assez ce que peut pour le malheur ou le progrès d'une cause l'exemple d'un seul de ses partisans ; on ne sait point assez ce que peut susciter de tristes défections ou de généreux efforts un seul acte de faiblesse ou de courage. Il ne l'ignorait pas, l'illustre Dominicain, dont la correspondance met en un si beau jour la grande et fière nature : « Je tiens par-dessus tout, écrivait-il en 1852, à l'intégrité du caractère ; plus je vois les hommes en manquer et faillir ainsi à la religion qu'ils représentent, plus je veux, avec la grâce de celui qui tient les cœurs en sa main, me tenir pur de tout ce qui peut compromettre ou affaiblir en moi l'honneur du chrétien. N'y eût-il qu'une âme attentive à la mienne, je lui devrais de ne pas la contrister[1]... » Il n'est personne qui n'ait à s'appliquer quelque chose de ces réflexions. Si retirée que soit notre sphère, si modeste que soit notre condition, nous avons tous notre part d'influence sur laquelle doit se régler le détail de nos actions. Il n'y en a point d'indifférentes. La réunion des coutumes particulières forme les mœurs publiques ; l'ensemble des opinions individuelles constitue l'esprit public.

Les mêmes obligations s'imposent aux gouvernements. Ils sont d'autant plus tenus de les remplir, que leur situation est plus haute et que de leurs décisions dépend le sort d'un peuple.

Figurons-nous donc un gouvernement qui se résoudrait à ne s'inspirer jamais que de la justice. Il exige de tous les citoyens le respect du droit, et, pour cela, il commence par leur en donner l'exemple, il leur en montre l'image dans ses lois et l'impression dans ses œuvres. Loin d'aspirer à une autorité sans bornes, il part de ce principe que tout homme est faillible, et il se soumet le premier aux freins qu'il réclame pour la société. Il trace entre les divers pouvoirs des limites déterminées, et, comme il n'entend pas souffrir leurs usurpations, il les arme contre ses empiétements. Fort de ses intentions autant que persuadé de sa faiblesse, il repousse les ténèbres, il appelle le grand jour qui, en prévenant ses torts, divulguera ses bienfaits.

§

---

[1] *Correspondance du R. P. Lacordaire et de madame Swetchine* publiée par le comte de Falloux, p. 512.

Entre tous les partis qui s'agitent sous ses regards, il ne fait d'aucun un choix exclusif; il veut les amener tous, par l'action prévoyante de sa politique, à confondre leurs tendances avec les siennes. Il n'a garde de combattre systématiquement leurs réclamations; il démêle avec une attention vigilante celles qui sont légitimes. Il ne leur laisse pas le loisir de les élever. Il les dépouille à l'avance de leurs griefs. A chaque plainte qu'ils font entendre, à chaque vœu qu'ils émettent, il est en mesure de répondre : « Ce que vous demandez est fait ! Je vous ai prévenus. »

Il porte ses vues dans l'avenir et se préoccupe de former par des réformes progressives le tempérament du pays. Il abandonne à la tyrannie le soin de le prendre par ses vices; il ne s'adresse qu'à ses vertus. Il ménage son caractère autant que ses finances, et s'abstient de recourir à ces lois d'exception qui, suivant la profonde parole de Royer-Collard, sont des emprunts usuraires dont les charges doivent inévitablement peser sur la postérité. Il favorise les existences indépendantes, loin de songer à s'en inquiéter ; il suscite, avec l'initiative particulière, l'esprit d'association ; il encourage, sans examiner de qui elles émanent, les œuvres bienfaisantes, les entreprises utiles. Si de grands exemples se donnent qu'il n'ait pas inspirés, il n'éprouve d'autre désir que de les récompenser ou de les surpasser. Tout ce qui sert la nation est pour lui-même un avantage. Il ne fait qu'un avec elle.

C'est là sans doute un idéal. Mais de grands souverains se sont proposés de l'atteindre, et les gouvernements ne sauraient mieux y conformer leur conduite qu'en le mettant d'abord dans leurs institutions. Leur triomphe y est engagé autant que leur devoir. Ils n'assureront leur existence qu'en y intéressant la liberté des peuples. Il est visible, en effet, à l'époque où nous sommes, qu'il n'y a plus de droits universellement reconnus, plus de traditions absolument incontestées : les droits les plus sacrés, comme les titres les plus authentiques, tout est remis en question. Égarée dans ces luttes, la société contemporaine n'a point de parti pris; elle se demande plutôt celui qu'elle doit prendre. Elle a vu tant de fautes commises, tant de jugements opposés, tant de fortunes scandaleuses, et des contradictions si étranges entre les doctrines et les actes, qu'elle ne sait plus où s'arrêter ; elle veut des gages avant d'accorder sa foi. Les ravages, exercés dans ses croyances, lui font tenir pour des nouveautés les vérités les plus anciennes; il faut qu'on les lui démontre, comme si on les lui enseignait pour la première fois. Il en est de même des systèmes politiques : il ne leur suffit point de vanter leur origine, d'énumérer leurs titres ou de prôner leur sagesse. C'est à leurs œuvres qu'on les juge. On regarde ce qu'ils sont bien moins que ce qu'ils donnent. Entre eux un concours est ouvert : à chacun de faire ses preuves.

Il n'y a rien dans cette disposition qui soit de nature à nous effrayer ; pourvu que l'effort de tous y réponde, nous attendons l'issue finale, avec une pleine confiance dans l'avenir de nos principes. Lorsque Alexandre fut sur le point d'expirer, ses officiers, réunis autour de son lit de mort, lui demandèrent à qui il laissait l'empire : « *Au plus digne !* » répondit le héros. Son vœu ne fut pas exaucé. Mais, nous en avons le ferme espoir, la loi de notre temps s'accomplira.

PARIS. — IMP. SIMON RAÇON ET COMP., RUE D'ERFURTH, 1

www.ingramcontent.com/pod-product-compliance
Lightning Source LLC
Chambersburg PA
CBHW061424060726
47597CB00003B/1137